DE

LA FÉODALITÉ,

DES

INSTITUTIONS DE S. LOUIS.

DE L'IMPRIMERIE DE P. DUPONT.

DE
LA FÉODALITÉ,

DES

INSTITUTIONS DE St LOUIS,

ET

DE L'INFLUENCE DE LA LÉGISLATION DE CE PRINCE,

AVEC DES NOTES ET L'INDICATION DES PIÈCES JUSTIFICATIVES ;

PAR F. A. MIGNET, AVOCAT;

OUVRAGE COURONNÉ EN 1821

Par l'Académie Royale des Inscriptions et Belles-Lettres.

A PARIS,

CHEZ L'HUILLIER, LIBRAIRE,

RUE DU CIMETIÈRE SAINT-ANDRÉ DES ARTS, N° 7.

1822.

AVERTISSEMENT.

Cet écrit a été présenté à l'Académie
sous un autre titre et sous un moindre volume. Quelques chapitres ont été ajoutés ,
mais ils ne sont que le développement de
mes premières idées. J'ai voulu donner à
ce travail l'étendue nécessaire, et le rendre
en même temps plus digne du suffrage
qu'il a obtenu.

Je n'ai rien à dire du sujet ; tout le re-
commande à l'attention publique , et le
choix qu'en a fait un des corps les plus savans de l'Europe , et l'importance d'une
révolution législative , et l'intérêt attaché à
un grand homme et à une grande époque
de notre histoire. Quant à la manière dont
il est traité, le lecteur en jugera.

TABLE DES CHAPITRES.

PREMIÈRE PARTIE.

SECONDE PARTIE.

DE LA FÉODALITÉ,

DES

INSTITUTIONS DE S^t. LOUIS,

ET

DE L'INFLUENCE DE LA LÉGISLATION
DE CE PRINCE.

PREMIÈRE PARTIE.

CHAPITRE PREMIER.

Comment le gouvernement féodal s'est établi.

LE gouvernement féodal a long-temps été la loi générale de l'Europe. Il s'est introduit dans l'état et dans la famille ; il a réglé les pouvoirs publics comme les emplois domestiques. C'est ce gouvernement qui a fait de la justice un patrimoine, des tribunaux un champ de bataille,

de chaque domaine une souveraineté; qui a lé-
galisé les guerres privées, constitué l'anarchie,
assujetti les hommes aux hommes et les terres
aux terres, et qui néanmoins a mis une sorte
d'équité dans ses épreuves judiciaires, de hiérarchie dans ses souverainetés, de règle dans ses
désordres, de dignité dans ses dépendances.
En outre, il a donné à l'Europe ses usages et
ses mœurs; et c'est encore à lui que remon-
tent la plupart des institutions de nos jours,
comme le système représentatif et le jugement
par jurés (1). Mais comment et à quelle époque
s'est établi ce gouvernement qui a changé la face
du monde? Cette grande question historique,
quoique traitée souvent, n'a pas encore été tout-
à-fait éclaircie. Selon les temps on l'a envisagée
avec des idées et des passions opposées. La féodalité a excité tantôt la haine, tantôt l'admiration, et a été jugée ou avec indignation ou avec
regret (2). Ce n'est pas avec de pareilles dispositions qu'on arrive au vrai et qu'on se montre
juste. L'esprit de système est venu encore ajou-
ter ses erreurs aux injustices des passions. Bou-

lainvillers n'a vu que les Francs sous le nom de noblesse; Dubos n'a vu que les Romains et la conservation de leur gouvernement, malgré la conquête; Mably a pensé que les seigneuries étaient postérieures à l'établissement de la monarchie; et M. de Montlosier, que le gouvernement féodal a été formé de la réunion des lois franques et des lois gauloises. S'il m'est permis de le dire, ces écrivains se sont trompés en tous ces points. La noblesse n'a existé que lorsqu'il y a eu un peuple; et alors il n'y en avait pas, ou, pour mieux dire, ce que Boulainvillers appelle la noblesse était le peuple. Il y avait des vainqueurs, des vaincus, des barbares Francs, et des barbares qui ne l'étaient pas. Il existait des distinctions d'origine, et le Franc était prisé la moitié plus qu'un Romain, le quart de plus qu'un barbare; mais tous les emplois de l'état, toutes les dignités publiques, étaient également accordés au Franc, au Bourguignon, au Visigoth, au Romain. Les esclaves mêmes pouvaient les obtenir, du moins en partie (3). Le système de Dubos est tombé à la première attaque; il est inutile d'en parler (4).

Mably s'est mépris sur l'époque et les causes des seigneuries : un traité public en fait mention cent ans après la conquête (5), non comme d'une nouveauté , mais comme d'un droit ; et si elles avaient été l'effet d'une usurpation, elles n'auraient été, ni si promptes, ni si générales , ni si tolérées. Enfin , M. de Montlosier, parce qu'il trouve le droit de justice et celui de guerre dans les Gaules , avant l'établissement de la monarchie, croit que les vainqueurs les ont empruntés aux vaincus, et il attribue le gouvernement féodal à un mélange de mœurs , et à une fusion de lois (6) qui sont impossibles. Les mœurs des Romains cédèrent, et leurs lois disparurent. Les Francs ne laissèrent aux vaincus que leur législation civile. Le gouvernement politique fut partout le même dans les villes, dans les bénéfices, dans les alleux , et ce fut le gouvernement seul qui produisit la féodalité , comme nous le verrons.

Mais je n'ai pas parlé de celui qui a franchi le sujet en trois pas , comme le dit Homère , des chevaux d'un dieu , franchissant l'espace. Montesquieu a vu l'origine de la féodalité en Germanie, et son établissement successif sous les deux premières races, et il s'est écrié, en terminant son Esprit des Lois : « *Italiam, italiam !* Je finis « le *Traité des Fiefs* là où d'autres l'ont com- « mencé. » Il a eu raison, en cela, et il l'a prouvé en partie. Mais il a traversé son sujet trop vite, et ne l'a pas saisi en entier (7).

Tous les élémens de la féodalité existaient au commencement de la monarchie ; les droits et les pouvoirs étaient territoriaux ; l'hommage était connu sous le nom de *recommandation*, et le vasselage, sous le nom de *fidélité.* On se présentait au roi, on plaçait les mains dans les siennes, on recevait le baiser en signe d'engagement, et on le reconnaissait pour seigneur : cette cérémonie s'appelait recommandation. Tassillon, duc des Bavarois, se fit ainsi vassal de Charlemagne, en présence de la nation assemblée (8). Devenu *leude*, car ce fut le nom donné à celui qui s'était recommandé, on servait le seigneur dans ses conseils et dans ses guerres, et en retour, le seigneur donnait des terres en bénéfice, et devait sa protection. La concession d'un bénéfice n'était pas de rigueur, mais d'usage (9). Nous verrons bientôt qu'elle devint indispensable, et qu'elle eut de grandes suites.

Cette recommandation s'étendit des personnes aux choses. On donna au roi sa terre, et on la reçut de lui en bénéfice, ce qui s'appela changer son alleu en fief (10). La cérémonie se faisait *per fistucam*, par le fétu : on jetait un fétu dans le sein du roi, en signe de tradition; on lui désignait ses héritiers, et il rendait la terre qu'on tenait désormais de lui, ce qui établissait les relations de seigneur à vassal, et de vassal à seigneur.

La première de ces recommandations était plus avantageuse que la seconde, parce que dans l'une on donnait ordinairement sa fidélité et ses services en échange d'un bénéfice, et dans l'autre en échange seulement de la protection, car recevoir à un titre les choses qu'on possédait à un autre, n'était recevoir en effet que le nouvel avantage qui y était ajouté. Aussi il y a lieu de croire que la première recommandation était celle des hommes puissans, et la seconde, celle des hommes faibles.

Mais cette double recommandation ne se pratiquait pas seulement à l'égard du roi, elle était permise à l'égard d'un grand, ou de tout autre. Ainsi, l'on pouvait choisir pour seigneur celui qui était leude du roi, ou qui ne l'était de personne, ce qui établissait l'arrière-vasselage dans un cas, et le vasselage privé dans l'autre, deux choses qui enlevaient le vassal à l'action directe de la royauté.

Les droits étaient territoriaux : le roi commandait dans ses domaines, par des délégués nommés juges ; dans les villes, par des délégués nommés comtes : les vassaux commandaient dans leurs bénéfices, les Francs dans leurs alleux, les évêques dans leurs églises, les abbés dans leurs monastères. Juger, percevoir les profits judiciaires, et les redevances territoriales, convoquer ses sujets pour la guerre, se faire droit par les armes, lorsque tout autre moyen manquait, tels étaient ces droits. Je les vois généraux sous la première race, et tout prouve que leur exercice n'était pas usurpé. Lorsque j'en serai aux chapitres des justices et du droit de guerre, je tâcherai d'ex-

pliquer pourquoi ces grandes prérogatives dépendaient des domaines, il me suffit maintenant
de constater leur existence. De pareils droits
donnaient une puissance très-étendue. Ils formaient le fond de la féodalité, comme le serment,
le baiser, les mains dans les mains en étaient les
formes, et les recommandations le moyen.

Accorder un bénéfice était céder tous les
droits, et de plus, la terre. Il semble que le
pouvoir royal aurait dû succomber bientôt sous
tant d'autres pouvoirs, dont le propre devait
être de s'isoler de lui, puisqu'ils pouvaient se
passer de lui. Les assemblées générales qui main-
tinrent l'union, les concessions de bénéfices qui
firent tout converger vers le trône, le préservè-
rent pendant quelques temps. Ces derniers ne
furent d'abord accordés que par le roi, et seulement d'une manière précaire, ce qui rendit le
vasselage direct et mobile. Quoique le vasselage
privé et l'arrière-vasselage fussent permis, ils
se réalisèrent rarement : le roi seul avait des bénéfices à donner, seul il avait des vassaux. Les partages continuels de la monarchie et les guerres

qu'ils occasionnèrent produisirent de grands changemens dans les bénéfices. Les divers rois eurent besoin de troupes pour attaquer et pour se défendre, et afin d'en avoir beaucoup, et d'en être surs, ils donnèrent avec profusion. Chez ce peuple guerrier, accoutumé à ne vivre que de dépouilles ou de présens, l'attachement était en raison, non du devoir, mais des récompenses. En Germanie, on donnait aux *compagnons* des festins, des chevaux, des framées; en France, on leur donna des domaines et des offices.

Pour s'attacher les uns, les rois leur concédèrent des bénéfices temporaires ; pour conserver les autres, ils perpétuèrent leurs donations. Ceux qui n'avaient rien se trouvaient heureux d'obtenir à temps, ceux qui avaient déjà, d'obtenir à vie, et ceux-ci à perpétuité. Voilà comment il y eut d'abord, sous la première race, diverses espèces de bénéfices, et comment, vers la fin, ils devinrent tous perpétuels (11). Lorsqu'on en fut là, deux choses arrivèrent. D'une part, le vasselage privé et l'arrière-vasselage, qui avaient été permis sans être pratiqués, se multiplièrent, parce que les recommandations ne se dirigèrent plus vers les rois qui avaient perdu leurs domaines, mais vers ceux qui en avaient hérité, ce qui fut un pas vers la féodalité; d'autre part, la royauté appauvrie et délaissée ne put se soutenir. Vainement Brunehaut tenta de reprendre les bénéfices, son audace, son génie, son obstination ne lui servirent de rien, et ne la sauvèrent pas du dernier supplice (12.) Depuis, le trône fut de plus en plus ébranlé. Les maires du palais, qui étaient devenus distributeurs des graces et chefs des armées, s'allièrent aux grands et aux bénéficiers (13). Ils les protégèrent à condition d'en être servis. La mairie échappa encore à la royauté, et d'emploi domestique, devint le premier office public. Les maires se mirent à la tête de la nation, qui les nomma et les perpétua, et ils laissèrent les rois oisifs et sans pouvoir dans leurs palais. De là au trône, il n'y avait pas loin : les maires le comprirent; ils cherchèrent à fonder de nouveaux bénéfices, pour se faire des créatures. Les immenses richesses du clergé étaient une tentation : le maire

Ebrouin (14), sous prétexte que ses guerriers n'avaient pas assez, et que les ecclésiastiques avaient trop, voulut en dépouiller ceux-ci, et ne put y parvenir ; mais Charles-Martel l'essaya après lui, et réussit (15). Par ce moyen, l'armée fut à lui, et la couronne à ses enfans. Pépin, pour ménager la transition, montra sur le trône un certain Chilpéric, qu'il en fit descendre quand il vit que les Francs préféraient un grand homme qui avait le pouvoir, à un roi qui n'avait que la naissance.

Trois hommes de génie consécutifs, la création de nouveaux bénéfices, l'établissement d'envoyés extraordinaires, sous le nom de *missi dominici*, raffermirent de nouveau, la royauté. On sait quels furent Charles-Martel, Pépin et Charlemagne. Le premier vainquit tous les maires, défit les Sarrasins, subjugua les Frisons, rejoignit l'Aquitaine à la France, donna de nombreux bénéfices à ses soldats, et laissa un immense domaine à sa famille ; le second profita de tous ces avantages avec habileté, se concilia le clergé, que son père avait exaspéré, travailla avec obstination à s'approprier la couronne, et y réussit ;

le dernier, le plus glorieux des hommes, le plus
vaste des génies, celui de tous les princes à qui
le nom de grand va le mieux, fut le maître et le
législateur de l'Occident. Ses armées, ses parlemens, sa puissante intelligence et ses immenses
entreprises, le font apparaître à travers les siècles, comme on voit au milieu des déserts une
des statues colossales de la vieille Thèbes. Mais
revenons : on ne peut pas rencontrer une telle
famille de grands-hommes, sans lui accorder un
moment.

La nouvelle royauté, enrichie par tant de
conquêtes, vit tout revenir à elle ; pouvant donner, elle fut recherchée, pouvant retirer ce
qu'elle avait donné, elle fut obéie. La nation,
régulièrement assemblée pour discuter ses intérêts communs, et porter les lois générales, cen-
tralisa de nouveau la puissance, et les progrès
de la féodalité furent arrêtés. L'institution des
envoyés extraordinaires contribua beaucoup à
ce double effet. Ces commissaires de la royauté
ramenaient à elle et les pouvoirs privés et
les juridictions particulières. Ils parcouraient
les provinces de leur légation, inspectant les

comtes, les vassaux, les évêques; convoquant les justiciers et le peuple, recevant les plaintes, jugeant les appels, punissant les iniquités; faisant en un mot connaître les lois, et surveillant leur exécution (16). Mais Charlemagne seul pouvait suffire au gouvernement d'un pareil empire, et maintenir la vaste correspondance de ses parties. Sous ses descendans, les causes de désunion agirent avec tant de force et de promptitude, que dans peu la féodalité fut constituée.

Les recommandations existaient toujours, et les partages de la monarchie continuèrent, ce qui multiplia les seigneuries et rendit les guerres inévitables. Dès-lors les mêmes causes qui avaient ruiné la première race devaient ruiner la seconde. Louis-le-Débonnaire eut à soutenir des guerres contre ses fils, Charles-le-Chauve contre ses frères; le premier donna avec profusion (17), le second accorda ce qui restait encore (18), et l'abaissement de la royauté fut consommé. Ainsi, deux hommes précipitèrent la marche des choses : Louis-le-Débonnaire, qui, voulant contrefaire

Charlemagne, fut mis en pénitence publique
par les évêques et suspendu de la royauté par
ses enfans : Charles-le-Chauve, qui passa la vie
à se battre, à se raccommoder avec ses frères,
et qui voulut mettre sur sa tête la couronne de
fer tandis qu'il ne pouvait porter celle de
France (19). L'appauvrissement du fisc sous le
premier, l'hérédité générale des fiefs et des
comtés sous le second, le droit de refuser le service militaire, si ce n'est en cas d'invasion, accordé après la bataille de Fontaine-Française (20),
et celui de quitter son seigneur pour en choisir
un autre, accordé à l'assemblée de *Chiersi* (21),
eurent les plus déplorables suites. De nouveaux
fermens de division furent jetés dans un état
qui n'était que trop prêt à tomber en pièces.
Non-seulement on ne se recommanda point au
roi qui n'avait plus rien à donner, mais on le
quitta pour prendre un autre seigneur : le droit
de ne pas le suivre dans ses guerres particulières
devint une nouvelle prérogative féodale, et on
lui désobéit sans hésitation dès qu'on le put légalement ; enfin les offices livrés à perpétuité

augmentèrent le nombre des choses à donner en fief. Les comtes n'avaient pas pu se dessaisir de ce qui ne leur appartenait pas, et ils commencèrent leurs concessions dès que les offices devinrent leur patrimoine (22). Alors toute la France se couvrit de seigneuries et il n'y eut pas un domaine qui ne fût un fief, et pas un homme franc qui ne fût suzerain ou vassal, ou tous les deux à la fois. Les assemblées générales avaient cessé depuis long-temps. Pour s'y rendre, les voyages étaient trop longs, les déplacemens trop coûteux; ceux qui y allaient avec peine sous Charlemagne, devaient refuser d'y aller sous ses petits-fils. Les fonctions des envoyés extraordinaires finirent à leur tour; chaque comté, chaque seigneurie, chaque alleu, avaient des maîtres qui se refusaient à une surveillance qu'on ne pouvait plus exercer, car il n'était pas dans l'ordre qu'une autorité qui était dégradée en elle-même, fût respectée dans ses délégués. La révolution, arrivée à ce point, s'acheva vite. La royauté résista aussi peu aux ducs de France qu'autrefois elle avait résisté aux maires; Charles-le-Simple fut détrôné un moment, Lothaire le fut pour toujours. La couronne devait appartenir à un grand vassal : Hugues-Capet, qui était le plus puissant et le mieux placé, la mit sur sa tête et l'y maintint.

Ainsi les causes et les périodes de ces deux révolutions furent les mêmes : dans les deux époques les droits territoriaux amenèrent l'anarchie, dans les deux ils furent multipliés par les bénéfices, dans les deux les partages de la monarchie occasionnèrent des guerres, les guerres exigèrent des donations, les donations produisirent l'appauvrissement, et l'appauvrissement l'abandon. Les transitions se ressemblent aussi. Les ducs de France s'essayent à la royauté comme les maires s'étaient essayés au pouvoir. Sous Eudes-le-Grand, élévation d'un roi momentané pour préparer au changement de dynastie, comme sous Charles-Martel, interrègne dans le même but ; enfin sous Huges-Capet, un Lothaire qui paraît et est remplacé, comme sous Pépin un Chilpéric qui est aussitôt déchu qu'élevé ; et comme si la ressemblance devait se trouver jusques dans les

noms, le dernier roi de la première race qui se
laisse détrôner, est appelé l'Insensé, et celui de
la seconde qui se laisse emprisonner, est appelé
le Simple. Cette analogie de causes et d'effets est
remarquable, et prouve combien les choses
agissent avec suite, s'accomplissent de nécessité,
et se servent des hommes comme moyens, et des
événemens comme occasions.

Seulement la dernière révolution fut plus
prompte, parce que l'état était plus grand, le vasselage plus étendu, les guerres plus acharnées; et
elle fut plus complète, parce qu'elle fut poussée
plus loin que la première fois. Sous les Mérovin-
giens, un grand officier s'était présenté, qui,
s'emparant de l'autorité déclinante, l'avait relevée
avant que sa chute fût entière. Sous les Carlo-
vingiens, comme il n'y avait pas de grand officier, la révolution ne fut pas arrêtée à ce point,
l'autorité se dispersa, et l'état se désunit. Ce fut
à la fin seulement que le plus fort des co-parta-
geans du pouvoir put se faire roi. Alors la féodalité était constituée, ses élémens s'étaient réunis
pour ne former qu'un tout. Il n'y avait pas
d'autre loi qu'elle, pas d'autre souveraineté que

la sienne. Elle avait soumis tous les hommes, inféodé toutes les choses; elle avait placé un centre partout où il avait pu s'établir. L'isolement et l'anarchie la suivirent et la renforcèrent; chacun entra dans le corps féodal, parce que, n'y ayant plus d'autorité suprême, il fallait suppléer, par des confédérations particulières, au défaut d'union générale, et remplacer la protection de la loi par celle du nombre et de la force. Chez les grands, le motif fut l'indépendance: chez les petits, la sûreté; car les premiers avaient besoin de vassaux pour être soutenus, les seconds de seigneurs pour être protégés.

Les grands feudataires furent entre eux comme les divers rois des deux premières races; les guerres avaient ruiné ceux-ci, l'anarchie devait ruiner ceux-là; mais pour le moment, grands et petits, puissans et faibles, montrèrent le même empressement pour la féodalité. L'hérédité des offices multiplia les inféodations, et lorsque toutes les terres eurent été données, on donna en fief des charges, des pensions, des droits (23). Dans d'autres temps, on eût accordé des pensions, conféré des charges, cédé des droits d'une

manière simple, mais alors l'inféodation liant
réciproquement, et étant la seule sûreté commune, rien ne se livrait qu'à cette condition.
Ainsi s'était accompli ce grand changement qui
avait développé la féodalité sans la créer, et qui,
en la faisant exister seule, multiplia ses combinaisons, renforça son caractère, et renouvela
jusqu'à ses noms; les recommandations étaient
devenues des hommages, les leudes des vassaux, les bénéfices des fiefs, et les grands des barons (24).

La nouvelle tendance des choses devait être
contre la féodalité, parce que ses inconvéniens
étaient présens et nombreux; mais comme le
démembrement de l'état avait été rapide à cause
de l'égalité des forces des grands vassaux, par la
même raison, sa réorganisation devait être lente.
Tous contre un peuvent beaucoup et vite, un
contre tous ne peut que petit à petit, et à la
longue. Depuis Charlemagne, on avait travaillé
à faire aller la puissance du centre aux extrémités, il fallut long-temps pour la faire revenir des
extrémités au centre.

Cette mission était réservée au plus fort, c'est-

2.

à-dire à celui qui l'avait été assez pour se faire roi, qui était au centre de l'état, et qui, à sa puissance de fait, consistant dans son territoire et dans ses vassaux, en joignait une autre de droit, faible alors, mais destinée à devenir très-forte, comme l'événement l'a prouvé. Toutes deux, réunies sur un seul, devaient-à la fin le rendre le maître. La puissance féodale s'exerça la première, la puissance royale ne vint qu'après, et cela pour deux raisons : la féodale était forte et la royale faible ; l'une était vieille et l'autre récente. Hugues Capet, roi depuis peu, ne pouvait pas parler comme un ancien roi, ni roi faible agir comme un roi fort. Pépin et Charlemagne l'avaient pu, parce qu'à cette époque, la révolution n'avait pas eu lieu, à cause de la faiblesse de la royauté, mais de celle des rois. Ils avaient pour eux l'armée enrichie, la France sauvée par Charles Martel, l'Europe conquise par Charlemagne, et cela donne des droits et permet un langage que Hugues Capet ne pouvait pas tenir.

Avant de faire connaître les périodes de cette importante restauration, examinons l'état des personnes et des terres sous la féodalité, les justices seigneuriales, et leurs dépendances, le droit de guerre, et les lois particulières des fiefs.

CHAPITRE II.

État des personnes.

Il y avait anciennement plusieurs différences entre les personnes. Etre esclave ou libre, appartenir à tel peuple ou à tel autre, remplir certaines fonctions ou en être privé, changeait les droits ou l'état des personnes. Faute d'avoir établi ces distinctions, ceux qui ont écrit sur cette matière ont confondu les conditions, l'origine, les dignités, et ont appliqué aux unes les dispositions des lois relatives aux autres. Aussi il n'y a rien de ce qu'ils ont cru une erreur qui, sous un rapport ne soit une vérité, et rien de ce qu'ils ont cru une vérité qui, sous un certain aspect ne soit une erreur (1).

La division la plus générale était celle des

hommes libres et des esclaves. Les hommes libres étaient de plusieurs espèces et les esclaves pareillement. Commençons par les premiers.

Il existait dans les Gaules différens peuples : les vainqueurs qu'on appelait Francs, les vaincus qu'on appelait Romains ; les Bourguignons, les Visigoths, les Allemands et les Bavarois, qu'on appelait Barbares. Cette différence d'origine en amenait une dans les droits. Le Franc était prisé plus qu'un Barbare, le Barbare plus qu'un Romain dans le tarif des compositions pour les offenses et pour les meurtres (2). Le Franc était jugé par le Roi, le Barbare et le Romain l'étaient par le comte. Chacun vivait sous sa loi particulière ; le premier régi par le Code salique ; le second, par le Code bourguignon ou allemand ou visigoth, le troisième par le Code théodosien (3).

Les esclaves (4) appartenaient ou aux rois, et ils se nommaient *regii, fisculini* ; ou aux églises, et ils se nommaient *ecclesiastici* ; ou ils étaient attachés au bénéfices, et ils se nommaient *beneficiarii*. Outre ces noms, qui indiquaient leurs maîtres, ils en avaient d'autres, qui indiquaient leurs conditions. Ils étaient serfs de corps, ou serfs de la glèbe. Les serfs de corps, appelés *servi* simplement, ou *servi de corpore*, ou *servi de capite*, ou *non casati*, dans les codes des peuples barbares et dans les Capitulaires, gardaient les troupeaux, remplissaient les ateliers, ou exerçaient les emplois inférieurs de la domesticité. Ils n'avaient point de propriété, et ils étaient soumis à une inspection continuelle. Les serfs de la glèbe, appelés *liti*, *addicti glebæ*, *tributarii*, *casati*, cultivaient une terre qu'ils possédaient en payant un tribut, moyennant lequel ils étaient maîtres de leur temps et de leurs produits. Ce tribut était, ou en nature ou en services; dans le premier cas, il s'appelait *cens*, dans le second, *corvées*. Il était arbitraire, mais non excessif. Le maître qui cédait la terre avait le droit de faire les conditions; mais l'usage les rendait très-favorables aux serfs. Le sort de ces deux espèces d'esclaves était, comme on le voit, bien différent, et leur nom l'indique assez. L'opposition de *liti*, qui signifie *choisis*, avec *servi de tributarii* avec *servi de capite*, de *casati* avec *non casati*, apprend suffisamment que les uns étaient plus avantagés que les autres, qu'ils

avaient un toit, une propriété, tandis que les
autres n'avaient que leurs corps, et ne comp-
taient que par leurs têtes. C'était proprement
deux degrés de servitude dont le premier conduisait au second, et le second à la liberté. Les
esclaves de la glèbe étaient libres après avoir
acquitté leurs corvées, et possédaient les fruits
de leurs champs après avoir payé leurs redevances. Là commençait le premier degré de l'indépendance et de la propriété.

Ces diverses conditions étaient permanentes
quant au fonds, mobiles quant aux personnes.
Il y avait toujours une classe de Francs, une
classe de Barbares, une classe de Romains, deux
classes de serfs ; mais un mouvement ascendant
portait les Romains et les Barbares vers la franchise, et les serfs vers la liberté. Ce changement
de condition était permis. Le Romain renonçait
à sa loi, quittait son costume, changeait de nation et devenait, de vaincu vainqueur, d'inférieur
égal. Il obtenait les prérogatives et les compositions du Franc (5). Il en était de même du
Barbare. Les serfs devenaient libres par l'affranchissement; mais comme cet affranchissement

s'achetait, il fallait posséder quelque chose afin de l'obtenir. Pour cela, les serfs de la glèbe étaient dans une position avantageuse, ce qui engageait les autres à acquérir cette servitude avant d'aspirer à l'affranchissement.

Cet affranchissement était de deux espèces : ou il donnait la liberté entière, ou il ne la donnait qu'en partie. Dans un cas, il se faisait à la manière franque, en présence du roi, par un denier jeté en l'air (6), et dans l'autre, à la manière romaine, dans l'église et par une Charte (7). Le premier était un véritable affranchissement, le second n'était qu'une manumission (8). Le serf, devenu libre en présence du roi, s'appelait *dénarié*, avait 200 sols de composition comme le Franc, et devenait en tout semblable à lui; tandis que l'autre, nommé tributaire, n'avait que 45 sols, restait dans la dépendance de l'église, sans pouvoir tester, se déplacer, porter témoignage, ni lui, ni ses descendans, jusqu'à la troisième génération. Cette sorte d'affranchis formait la classe des colons et tributaires romains, qui ont tant embarrassé les divers auteurs. Ils avaient les mêmes compositions que les serfs de la glèbe,

cultivaient un champ avec les mêmes avantages
et les mêmes redevances : seulement à la troisième génération leur dépendance cessait, et leur
liberté devenait entière. Cet affranchissement
était une servitude à terme : voilà en quoi il était
préférable (9).

Ainsi trois espèces d'hommes libres, les Francs,
les Barbares, les Romains ; deux espèces de serfs,
ceux des corps et ceux de la glèbe ; deux moyens
de passer d'une classe à l'autre, l'adoption d'une
loi et l'affranchissement. Ainsi, avantages attachés à la condition d'hommes libres, qui porte
les serfs à la rechercher : avantages attachés,
parmi les hommes libres, à la condition de
Franc, qui porte les Barbares et les Romains à
l'acquérir. Ces diverses prérogatives des conditions et des classes produisent des changemens
continuels d'état, et font en dernier lieu de tous
les hommes libres, des Francs, et de tous les
serfs des hommes libres, comme nous le
verrons.

Des différences des peuples et des conditions
fixées, passons à la possession des charges et des
dignités de l'état.

Les charges étaient ou ecclésiastiques, ou civiles. Les unes et les autres, outre les fonctions communes, donnaient des fonctions particulières, plus relatives, pour les ecclésiastiques, à la religion, pour les laïcs, à l'état.

Les archevêques et les évêques étaient les chefs du clergé séculier, les abbés, du clergé régulier. Ils rendaient la justice, les uns dans les églises, les autres dans les monastères (10). Grands dignitaires de l'état, les évêques avaient la première place dans les assemblées générales, et les plus fortes compositions dans le tarif des peines. Souvent ils dirigeaient les rois, quelquefois ils les suppléaient; il leur arrivait même de les punir; témoin la dégradation de Louis-le-Débonnaire, et les condescendances de Charles-le-Chauve. Charlemagne leur avait donné la plupart des bénéfices d'Allemagne, et avait choisi parmi eux un grand nombre de ses envoyés royaux. Tant de considération et de puissance était l'effet de la supériorité de leurs lumières, et surtout du respect que les peuples du nord portaient au sacerdoce (11).

Tous pouvaient aspirer à la cléricature et à

ses divers degrés. Francs, Barbares, Romains, serfs ecclésiastiques et même serfs laïcs, avec le consentement de leurs maîtres. Mais comme la cléricature affranchissait (12), il s'ensuivait que le sacerdoce, quoiqu'accessible aux diverses classes, n'était rempli que par des hommes libres. Néanmoins, presque tous les évêques étaient Romains (13), ce qui donnait à ceux-ci, sur les Francs, des avantages comme ecclésiastiques que les autres avaient comme peuple. Cette charge et ses prérogatives étaient personnelles. On conçoit qu'un Franc évêque était plus qu'un Romain évêque, puisqu'à la qualité commune, il joignait une qualité supérieure.

Les offices politiques étaient les duchés et les comtés. Outre qu'ils donnaient les fonctions de juger et de combattre, ils augmentaient les compositions et valaient la dignité de grands de l'état. Les officiers qui figurent dans les assemblées de la première race, sous le nom d'*optimates*, sont les ducs et les comtes. Ces emplois étaient ordinairement possédés par les Francs, et pouvaient l'être par des Romains, par des affranchis, par des serfs. Je vois au commencement de la monarchie

plusieurs Romains investis de ces hautes dignités, et un esclave de la boulangerie devenu comte
de Tours (14).

Chacun pouvait de même devenir juge, et obtenir un bénéfice. Dans les domaines royaux, il
y avait un serf *major villæ*, qui en était le juge et
le gouverneur ; comme il y avait un maire de
palais, *major domûs*, qui devint ensuite maire de
la nation, et enfin se fit roi; car ces maires si
puissans n'avaient été, dans le principe, que des
serviteurs domestiques, ainsi que les boutilliers,
les sénéchaux, les connétables, dont les offices
devinrent si étendus, si nobles, si redoutables,
que la royauté les supprima.

Le vasselage était une qualité commune à ceux
qui s'étaient recommandés, ou qui avaient obtenu un bénéfice; et comme tous le pouvaient,
même les serfs, cette prérogative ne tenait ni à
l'origine, ni aux conditions.

Les antrustions ne formaient point un ordre
distinct de personnes : ce titre était donné à tous
ceux, Romains, Francs, ou serfs, qui se trouvaient sous la garde du roi, *sub truste regis*. Il
n'était point héréditaire, et ne durait qu'au-

tant que la sauvegarde. La triplicité de la composition a fait croire à Montesquieu que les
antrustions composaient l'ordre de la noblesse;
mais il aurait dû voir que si la composition était
triplée, l'état restait le même. Le Romain, au
lieu de 100 sols, en avait 3oo; le Franc, au lieu
de 2oo, en avait 6oo, et le serf en proportion.
D'ailleurs, c'était non-seulement dans ce cas que
la composition était triple (15), mais encore
lorsqu'on était tué dans une église ou dans une
maison ouverte. Ce titre n'indiquait donc ni
supériorité, ni noblesse; il marquait uniquement qu'on était sous la garde du roi, ou sous
celle de Dieu, ou sous celle de la foi publique.
La peine du délit devenait plus forte, parce
que le délit devenait plus facile et plus grand.
La cour du roi ouverte, l'église ouverte, la maison ouverte, laissaient passage au meurtrier;
la confiance dans la sûreté du lieu était trom-
pée : c'était tout cela qu'on punissait.

Ainsi les différentes charges de l'état étaient
accessibles à ses divers membres. Les Francs
pouvaient être évêques, les Romains pouvaient
être comtes, les esclaves pouvaient devenir évê-

ques ou comtes. Le droit de justice , l'admission au vasselage , le titre d'antrustion restaient
communs à ceux qui étaient libres , comme à
ceux qui ne l'étaient pas. Ces fonctions et ces
qualités donnaient divers priviléges qui se combinaient avec l'état des personnes : un évêque
d'origine serve avait moins dans ses compositions , qu'un évêque d'origine franque, et ainsi
des comtes, des juges , des vassaux , des antrustions.

Maintenant qu'était-ce que la noblesse ; ou,
pour mieux dire, y avait-il une noblesse?

Je cherche vainement la grandeur de ces premières familles , *dont l'origine, selon Montesquieu , doit se perdre dans l'oubli , la nuit et le
temps , et qui n'ont jamais dû être des familles
communes* (16); je ne trouve qu'une flatterie in-
digne d'un grand homme.

D'après ce qui vient d'être exposé, il est évi-
dent qu'il y avait des distinctions et point de
noblesse. L'origine, les conditions , les charges
se combinaient ensemble de diverses manières :
à égalité de fonctions, l'origine donnait l'avantage ; à infériorité de fonctions , l'origine le

cédait à l'office. Ainsi le simple Franc était moins que le Romain devenu comte, et plus que le simple Romain. Il y avait en outre une telle mobilité dans les classes et dans les fonctions, que les priviléges transmis par la durée des pouvoirs et l'ancienneté de la naissance n'existaient pas encore. La facilité de se faire Franc, ou de devenir libre, portait les inférieurs dans les rangs des supérieurs. La personnalité des charges donnait les prérogatives tantôt aux uns, tantôt aux autres ; les changemens d'état mêlaient les classes et les familles, ce qui empêchait également l'existence de la noblesse. Celle-ci, pour être constituée, doit jouir de toutes les distinctions, posséder tous les pouvoirs, et perpétuer sa séparation d'avec les autres classes. Mais lorsque les fonctions peuvent être remplies par tous ; lorsqu'un mouvement ascendant confond les origines ; lorsque les prérogatives se combinent tellement qu'il est difficile de les séparer, et deviennent si multipliées qu'elles appartiennent au plus grand nombre, je ne vois pas comment il peut y avoir une noblesse. Elle n'est pas dans les Francs, elle n'est pas dans les antrustions, elle n'est pas dans le sacerdoce, elle n'est pas dans les seigneuries, elle n'est pas dans les offices, ou pour mieux dire, elle est tour-à-tour dans tout cela, et dès-lors elle n'est dans rien.

A l'époque du gouvernement féodal les classes se séparèrent davantage, et les distinctions devinrent plus saillantes. Les hommes libres étaient entrés dans la féodalité ou avaient été réduits en esclavage ; il n'y eut proprement que des feudataires et des serfs. La hiérarchie des premiers se régla d'après la qualité des hommages, le degré de l'inféodation et l'étendue du territoire ; la condition des seconds dépendit de la justice ou de la tyrannie de leurs maîtres : il y eut ainsi divers degrés dans la féodalité et dans la servitude, sans y avoir plus de deux classes : l'affranchissement général en créa une troisième, qui fut distinguée des deux autres. Supérieure à celle dont elle sortait, inférieure à celle qui l'avait affranchie, elle fut admise à la jouissance de certains droits, mais non aux prérogatives de l'ancienneté : elle posséda des terres, mais elles furent asservies ; les fiefs for-

mèrent la séparation et établirent la noblesse.
Les affranchis furent nommés bourgeois , à
cause du lieu de leur habitation ; coutumiers , à
cause de leur loi ; roturiers , à cause des terres
qu'ils défrichèrent. La classe entière fut nommée commune , eu égard à son union et à son
gouvernement ; tiers-état , eu égard aux deux
autres ordres , et peuple, eu égard à la noblesse.

Les serfs qui ne furent pas affranchis continuèrent à former une classe particulière ; ils
restèrent attachés à la glèbe, et soumis à une
tyrannie assez dure, qui alla néanmoins en s'a-
doucissant. On put , comme anciennement ,
monter d'une classe à l'autre , devenir libre par
l'affranchissement, et noble par la possession
des fiefs (17) ; mais dans la suite l'acquisition
de ces derniers n'anoblit plus , et il se fit une
révolution remarquable. Le territoire fut dépouillé de ses priviléges ; les charges, les distinctions devinrent personnelles , et la royauté,
à qui tout retourna peu-à-peu, conféra seule
les unes et les autres : de là les lettres d'anoblissement (18) ; comme nous le verrons ailleurs. La noblesse changea de caractère : elle

avait été de fait, elle ne fut plus que de nom : elle donna des distinctions et point de pouvoirs, des titres et point de fonctions. Il y eut alors une multitude de comtes, de barons, de marquis, sans qu'il existât de comtés, de baronies et de commandemens aux frontières (19).

CHAPITRE III.

État des terres.

CE chapitre mérite attention; il explique l'influence des terres sur le gouvernement politique, dans un pays où les rapports des personnes ont réglé d'abord l'état du sol, et où les rapports du sol ont fini par devenir ceux des personnes.

Dans le principe tout a été personnel, dans la suite tout est devenu territorial : les lois, les charges, les distinctions, les langues ont été transportées des hommes aux terres (1). La hiérarchie des vasselages, qui avait lieu en raison des personnes, n'a plus eu lieu qu'en raison des

fiefs; l'importance, qui allait au commencement du maître au manoir, alla vers la fin du
manoir au maître.

La dépendance dans laquelle les terres étaient
des hommes mit beaucoup de mouvement dans
les choses; les propriétés changeaient de maîtres, les charges étaient à la portée de tous. Les
rangs élevés se recrutaient dans les rangs inférieurs; un serf devenait vassal, un affranchi
grand dignitaire: on changeait à volonté de pays,
de loi, de langue. La dépendance dans laquelle
les hommes furent des terres établit tout le
contraire. Le mouvement des choses cessa; le
seigneur, le vassal, l'affranchi, le serf ne s'éle-
vèrent ni ne descendirent; il y eut stabilité dans
les conditions; les lois et les langues s'attachè-
rent au sol; les maîtres ne quittèrent plus leurs
châteaux, ni les esclaves leur glèbe. Tout s'im-
mobilisa, le gouvernement et les hommes. La
féodalité en devint plus compacte, parce qu'il y
a dans une législation fondée sur les rapports
du sol, une fixité et une force qui manquent à
une législation fondée sur les rapports des personnes. Dans un cas, tout est permanent et rien

ne change; dans l'autre, tout est d'accident et rien
ne dure : c'est ce qui explique les nombreuses
révolutions des premières races , et la lente progression de la troisième. Les rapports personnels accélérèrent l'établissement de la féodalité ,
les rapports territoriaux prolongèrent son existence : faisons connaître les causes et les progrès de cette grande révolution.

Les Germains (2) n'étaient point une nation
propriétaire ; leur principal moyen de vivre était
de combattre. Entourés d'ennemis et divisés
entre eux , s'ils avaient cultivé leur sol, ils l'auraient fait pour d'autres ; aussi préféraient-ils
la guerre au travail. Leur situation les forçait
à subordonner l'esprit de propriété à l'esprit
d'aventure ; ils divisaient annuellement les terres,
afin qu'on ne s'attachât pas à elles par une longue
possession , et qu'on ne devînt pas agriculteur
avant d'être guerrier. Chez un pareil peuple, le
gouvernement était militaire. En petit nombre ,
sur un sol étroit, ils s'assemblaient pour voter
une expédition , délibérer sur un pillage. Les
chefs se chargeaient de faire vivre les soldats, ils
leur donnaient des repas pour qu'ils subsistas-

sent ; des chevaux et des framées, pour qu'ils combatissent ; le plus grand lien était de chef à compagnon, parce que c'était le seul nécessaire. Cette confédération militaire devint ensuite le vasselage territorial.

La conquête rendit la nation franque propriétaire. Le sol qui intervint dans le gouvernement des Germains changea sa nature en conservant ses dehors. Un état nouveau se forma, dans lequel le fonds fut fourni par les Gaules, et les formes par les Francs. La clientelle cessa d'être purement militaire. Les possessions des Francs n'étant plus les mêmes, la valeur relative des choses avait changé, et c'était avec des terres et non avec des armes qu'il fallait obtenir la subordination et récompenser l'attachement. Les bénéfices, en se mêlant aux rapports personnels, leur donnèrent plus de consistance. Comme ce fut le vasselage qui appela à lui les terres, il en résulta que le vasselage étant mobile, les concessions furent précaires. Mais les concessions agirent à leur tour sur le vasselage. De leur nature, elles tendaient à se perpétuer. Lorsque l'hérédité fut établie, les fiefs qui avaient été l'effet des relations personnelles en devinrent les causes. Les terres s'approprièrent le vasselage (3); elles réglèrent l'ordre des seigneuries, et leur possession seule imposa les devoirs féodaux : en les acquérant, on obtint leurs prérogatives, et l'on dut leurs services; en les perdant, on fut délié des uns, et privé des autres. Les cadres de la féodalité devinrent indestructibles; ils ne dépendirent plus de volontés changeantes ni d'associations passagères. Ce fut la classification des terres qui détermina la hiérarchie des rangs, et comme elles eurent toujours des possesseurs, la féodalité ne manqua jamais de vassaux. A cette époque remarquable qui termina les relations personnelles en relations territoriales, l'hommage fut rendu au château plus qu'au seigneur, et les redevances furent portées au manoir plus qu'au maître.

Le sol n'intervint pas seulement dans le vasselage; il intervint dans tous les rapports des Francs; il fut considéré par eux sous trois points de vue, et forma dès-lors trois sortes de terres. Ces trois manières de les envisager ne dérivèrent pas, comme l'a pensé un auteur (4), de leurs divisions antérieures dans les Gaules, mais de la situation des Francs. Le pays vaincu ne fournit que le sol; ce furent les coutumes des vainqueurs qui décidèrent de son état, comme nous allons le voir.

Après la conquête des Gaules, les Francs firent un partage. Ce partage ne fut point général et ne s'étendit point à toutes les terres; il se borna aux provinces dans lesquelles les vainqueurs s'établirent, et fut réglé d'après leurs convenances et leurs besoins. Ce fait n'est consigné dans aucun monument, mais il n'est contesté par personne. Les Francs agirent comme tous les autres Barbares : les Hérules avaient pris le tiers des terres en Italie, les Vandales en avaient pris le tiers en Afrique, les Visigoths et les Bourguignons les deux tiers dans l'ouest et dans l'est des Gaules. Quant à eux, on ne connaît point la mesure de leur partage, mais il n'en exista pas moins. La part de chaque vainqueur s'appela *alleu*. Cette dénomination, qui n'est point romaine, mais tudesque, indique seule l'origine de ces terres. Le mot *los*, qui signifie *sort*, qui a formé les mots *lot, loterie, allouer, lots* et *vente*, apprend que ces terres étaient les *sortes vandalicæ*, et les *sortes burgundionum.* Ce qui le prouve encore mieux, c'est la formule *ne tenir que de dieu et de son épée*, employée par les rois seuls, à la fin de la troisième race; elle l'était par tous les grands propriétaires allodiaux sous les deux premières. Elle fut conservée à l'égard des francs-alleux, qui résistèrent à la féodalité, et n'entrèrent point dans la classification des terres. Cette formule, dont le sens n'est pas douteux, montre que ces domaines provenaient de la conquête, parce qu'ils avaient été acquis par l'épée, et ne relevaient que de Dieu, parce qu'ils étaient indépendans.

Enfin, voici une dernière preuve : la loi salique place sous le titre de l'alleu ce qui est relatif à la terre de la conquête (5); on n'eût pas confondu la terre salique avec l'alleu, si l'alleu n'eût pas été la terre salique; c'étaient deux noms pour la même chose; et comme il y en eut un de trop, il y en eut un qui cessa d'être en usage; le nom d'alleu resta seul. Un auteur (6) a distingué l'alleu de la terre salique; il a vu deux peuples dans les Gaules, les Francs et les Romains; et il a voulu tout compter à double, leurs propriétés comme leurs lois. Il a fait de l'alleu la propriété gauloise, et de la terre salique la propriété franque. Il s'est trompé. Le patrimoine du Franc et du Gaulois avait le même nom. La cause de son erreur a été les mots : *prædium*, *hæreditas*, *proprium*, qui, dans les Formules et les Capitulaires, sont les synonymes de l'alleu. Mais il aurait dû voir que les Formules ont été écrites deux cents ans après la conquête, et les Capitulaires cent ans après les Formules. La circonstance du partage était alors oubliée, et celle de l'hérédité était présente : on caractérisait l'alleu, parce qu'il avait de plus saillant la propriété et la transmission, en l'opposant aux bénéfices, qui n'étaient que des possessions temporaires. Pour distinguer ces deux sortes de biens, on appelait l'un propre, l'autre bénéfice, l'un hérédité, l'autre usufruit.

L'alleu, comme terre patrimoniale, passait à la famille ; seulement, dans le principe, il n'appartenait qu'aux mâles (7). Cette disposition, résultat des mœurs germaines, n'avait point les motifs qu'on lui a donnés, et ne s'étendait point à la couronne, comme on l'a cru. Les femmes étaient exclues du trône et de l'alleu, par deux causes différentes : dans un cas, c'était parce que les rois étaient élus, dans l'autre, parce que la femme sortait de la maison. Un peuple guerrier ne pouvait pas élever une femme sur le pavois. Comme son roi devait être son général, il lui fallait un homme pour roi. Quant à la terre salique, la fille qui, par le mariage, quittait la maison et entrait dans une autre, n'avait pas droit au patrimoine de la famille, parce qu'elle n'en avait pas besoin. Son mari l'achetait au lieu de se la faire payer; il lui fournissait sa dot au lieu de l'exiger d'elle (8). Reçue dans une nouvelle famille, elle pouvait se passer de l'ancienne; tant que son mari vivait, son état d'épouse lui assurait son sort, s'il mourait, sa qualité de veuve lui valait un douaire. On conçoit dès-lors qu'elle dut être exclue de l'héritage paternel, qui ne lui était pas nécessaire, et qui devait servir à ses frères pour former une maison. Ceux-ci recevaient leurs femmes aux mêmes conditions que d'autres recevaient leurs sœurs; en sorte que c'était un simple échange, et que la famille reprenait autant qu'elle donnait. Ainsi ce n'était point à cause du service militaire, mais à cause de la sortie de la maison que les femmes n'étaient point admises au partage de la terre salique.

Les mœurs franques, qui avaient seules décidé de la nature et du nom des terres allodiales, décidèrent seules des terres bénéficiaires. Ce ne fut point parce que les Romains donnaient aux vétérans des domaines à charge de service militaire, que les rois en donnèrent aux Francs, mais ce fut par suite de leurs coutumes. Nous avons vu qu'ils n'avaient pas d'autre moyen d'obtenir la dépendance, et d'acheter les services. Dès-lors les rois et les grands dénaturèrent leurs alleux, et en firent des bénéfices. J'en ai parlé ailleurs au long, je n'y reviendrai pas.

Les terres, sous le rapport privé, étaient des alleux; sous le rapport public, des bénéfices. La loi civile régla les unes, la loi politique les autres. Mais outre cela, elles furent considérées sous un troisième rapport, celui de la culture, rapport qui, comme les autres, dériva des mœurs franques.

Les Francs restaient dans leurs domaines; mais, plus guerriers qu'agricoles (9), ils ne pouvaient se résoudre à les cultiver de leurs propres mains, d'ailleurs ils faisaient des esclaves qu'il fallait employer, et dont ils n'avaient besoin ni pour leur personnes, ni pour leur maison; ils les firent servir à l'exploitation de leurs champs. Ils leur donnèrent une portion de leur alleu ou de leur bénéfice, à condition qu'ils paieraient en retour, des revenus, ou fourniraient des corvées. Au moyen des revenus ils jouirent de la terre qu'ils avaient cédée; au moyen des corvées, ils firent exploiter celle qu'ils gardaient. Ces terres, ainsi distribuées à des serfs, ou à des affranchis, s'appelaient tributaires, à cause de leur redevance en nature ou en travail. Cette nouvelle division fut forcée par la situation économique des Francs, et par la nécessité de la culture. Les Francs ont eu des terres tributaires parce qu'ils ne pouvaient pas faire autrement. Ils en ont eu comme les Polonais en ont encore, et comme les Gaulois en eurent avant eux. Ce ne fut pas l'exemple qui les guida, mais la nécessité. Un peuple qui a si peu pris chez les autres n'a suivi dans ses lois que ses convenances, et non des imitations.

Les terres allodiales, bénéficiaires et tributaires ne formaient point, quoique distinctes, des classes entièrement séparées. Cela arriva sous le régime féodal, où tout dépendit des domaines, et non au commencement de la monarchie, où tout dépendait des personnes, et c'est ce qu'on n'a pas distingué. Il semble, en lisant quelques auteurs, que les alleux ne pouvaient pas devenir des bénéfices, ni les bénéfices des alleux, ni les tributaires des alleux et des bénéfices. Non-seulement ces changemens de nature dans les terres étaient fréquens, mais encore la même terre était souvent toutes ces chases à la fois. Ainsi, par rapport à celui qui concédait un bénéfice temporairement, ce bénéfice était alleu, puisqu'il gardait la propriété, et ne cédait que l'usufruit: à son tour celui qui recevait la concession en donnait une partie à *cens*. De cette manière, la terre, tributaire pour le colon, était bénéficiaire pour le vassal, et allodiale pour le seigneur. Suivant les personnes, les terres changeaient de nature, parce qu'elles changeaient d'aspect.

Mais comme tout tend à la fixité dans les rapports territoriaux, voyons quel devait être le sort définitif des domaines.

La propriété qui ne dure qu'un temps, n'est

qu'une demi - propriété. Les concessions précaires devaient devenir permanentes, parce que ceux qui possèdent aspirent à garder. La force des choses poussait là. Les intérêts les plus nombreux et les plus forts dictent la loi, et arrivent à leur but. Il y avait deux manières d'acquérir la propriété définitive : ou par l'hérédité des bénéfices, ou par leur changement en alleu. L'hérédité des bénéfices devait rencontrer moins d'obstacles; car si la propriété usufruitière tendait à la propriété héréditaire, le gouvernement tendait au vasselage. La transformation des bénéfices en alleu détruisait les rapports de vassal à seigneur, au lieu que l'hérédité des bénéfices les laissait subsister. Ces rapports étaient les seuls moyens d'ordre, et comme il y aurait eu absence de société sans eux, tout s'opposait à leur cessation; les seigneurs n'y auraient pas consenti comme à l'hérédité. S'ils étaient privés des terres, ils ne voulaient pas être privés des hommes; s'ils perdaient l'objet de la cession, ils ne voulaient pas en perdre les profits; et puisqu'ils avaient donné pour obtenir des services, fallait-il au moins que ces services leurs restassent. Ainsi, entre deux désavantages, celui de l'hérédité qui leur conservait les hommes, en les privant de la terre, et celui qui leur faisait perdre et les hommes et la terre, ils préféraient le moindre. Ils n'étaient pas assez forts contre l'hérédité des bénéfices, mais ils l'étaient assez contre leur transformation en alleu. Aussi, qu'on le remarque, les vassaux qui étaient à la fois propriétaires-allodiaux, et bénéficiers, cherchant à faire de leurs bénéfices des alleux, ou négligeant le bénéfice pour l'alleu, les Capitulaires interdisent et répriment ces usurpations (10), tandis que depuis le traité d'Andelys, qui commença l'hérédité des fiefs, jusqu'au règne de Charles-le-Chauve, qui l'étendit à tout, la royauté se débat sans cesse, mais cède toujours. Les réclamations ne viennent pas de ceux qui ont concédé, mais de ceux qui ont reçu ; ce ne sont pas les rois qui se plaignent de ce qu'on rend leurs bénéfices héréditaires, mais leurs vassaux, qui se révoltent parce qu'on ne les rend pas tels.

Les rapports, bénéficiaires ou féodaux, étant devenus dominans, entraînèrent tout. Les alleux des grands avaient été dénaturés. Ceux des petits le furent à leur tour; nous l'avons déjà vu dans un des chapitres précédens. A cette époque des trois divisions indiquées, il n'en reste que deux, celle des terres féodales, et celle des terres tributaires; féodales, sous le rapport politique; tributaires, sous le rapport agricole; c'est-à-dire comme tenant au gouvernement ou à la culture. Il subsista à peine de la première division quelques francs-alleux, qui parvinrent à se maintenir libres, et les domaines des rois, qui ne dépendaient de personnes. Cela dura jusqu'à l'établissement des communes. Alors se déclara un mouvement nouveau qui entraîna d'abord les hommes, et plus tard les propriétés. Nous apprécierons en son lieu cette révolution, qui fit sortir de la féodalité, de la même manière qu'on y était entré, personnes d'abord, et les terres à leur suite, et qui rendit de nouveau personnel tout ce qui avait été territorial.

Ainsi la conquête et ses suites créent trois sortes de propriétés. Ces propriétés suivent d'abord le sort des hommes, c'est-là ce qui domine jusqu'à la fin de la première race; alors les propriétés et les hommes agissent les uns sur les autres, et leurs rapports se confondent; c'est ce qui domina jusqu'à Charles-le-Chauve. Depuis Charles-le-Chauve, les hommes suivent le sort des propriétés, et c'est ce qui domine jusqu'à l'établissement des communes. Au sortir d'un état où les terres n'étaient pour rien, les hommes sont tout, quoique les terres commencent à être quelque chose; peu à peu, les hommes sont moins et les terres davantage, parce qu'on s'éloigne de l'ancien état, et que l'on entre dans un nouveau qui tient au sol. Un peuple passe d'une situation à une autre; les conséquences de sa première situation se font sentir quelques temps encore, et finissent par disparaître devant les conséquences de la nouvelle.

CHAPITRE IV.

Des justices seigneuriales.

Dès le commencement de la monarchie, les justices furent territoriales (1). Le roi en posséda la plus grande partie comme étant le plus riche

propriétaire de l'état. Par les concessions de bénéfices, il les donnait avec le domaine ; par les
nominations aux comtés, sans le domaine. Quelques auteurs, trompés par la personnalité des
offices, en ont conclu que les justices étaient
personnelles; ils n'ont pas su distinguer leur
exercice de leur propriété, et voir que, personnelles pour les comtes, elles étaient patrimonia-
les pour les rois. Ceux-ci, en nommant des
bénéficiers et des comtes temporaires, créaient
des justiciers momentanés; ils déléguaient la possession, mais ne transmettaient pas la propriété.
Cela dura ainsi jusqu'à l'hérédité des fiefs et des
offices. A cette époque, les justices changèrent
de maîtres sans changer de nature; elles devinrent le patrimoine des vassaux et des comtes,
comme auparavant elles l'avaient été des rois.
Leurs noms, leurs droits, leurs formes, restèrent les mêmes, seulement plus divisées, la
délégation de leur exercice fut moins fréquente,
ce qui les rendit en apparence plus territoriales.
La plupart des historiens, embarrassés de la propriété des justices seigneuriales, ont fixé leur
établissement à la fin de la deuxième race et les

ont déclarées usurpées pour ne pas expliquer leur origine et leurs motifs; entrons à leur égard dans quelques détails.

On sait comment se rendait la justice en Germanie. Les meurtres, les offenses, les vols étaient personnels ; la réparation comme le dommage avait lieu d'homme à homme et de famille à famille (2). L'état ne poursuivait pas les délits et ne les punissait pas pour son compte (3). S'il intervenait entre les hommes et les familles pour les réconcilier, c'était afin de n'être pas troublé par des dissentions continuelles et des crimes sans terme. La justice était une protection contre la vengeance, le jugement un accord entre les parties, et la peine une composition pécuniaire imposée à l'offensant en faveur de l'offensé (4). Le protecteur obtenait une partie de la composition (5). Les poursuites et les arrangemens se faisaient dans l'assemblée générale, qui portait les lois, décidait les entreprises comme corps délibérant, et réglait les différens comme corps judiciaire (6).

Le droit de justice étant l'attribution de la puissance, devait, en Germanie, n'appartenir qu'à l'assemblée générale, comme à la seule puissance qu'il y eût alors. Le territoire étant resserré, il était facile d'y porter les contestations de tous les points de l'état. Dans les Gaules, cet ordre de choses se maintint en partie. Il y eut une assemblée générale formée en corps délibérant et en corps judiciaire. La pacification des familles fut exigée; on régla les compositions et l'on fixa la part du juge (7). Mais la puissance, en s'étendant sur un plus vaste territoire, se divisa et s'attacha au domaine. Comme le droit de justice était une suite de la puissance, il dépendit dès-lors du sol et put se transmettre à titre de propriété. Les serfs qui dépendirent de l'alleu et les hommes qui y furent enclavés restèrent sous la protection, et par conséquent sous la justice du propriétaire. Les concessions des bénéfices rendirent cela plus saillant, puisque des provinces entières furent détachées du fisc, et données par le roi à temps, à vie ou à perpétuité. Les villes eurent pour juges des comtes assistés d'échevins (8). Étant la propriété du monarque, elles durent être régies et pacifiées par ses délégués. Les Francs, les bénéficiers, les évêques et les comtes ne dépendant de personne, durent avoir le prince pour protecteur, et la nation pour médiatrice (9). Ainsi les hommes du domaine furent jugés par leur propriétaire ou leur supérieur; les villes par les officiers de celui qui était leur maître; et les grands par l'assemblée de leurs égaux, présidée par leur chef.

Quoi qu'il en soit de cette explication, il n'en est pas moins certain que les justices étaient territoriales dès le commencement de la première race. La distinction des seigneuries et des comtés est consacrée par des traités publics (10). Les capitulaires, et les codes des peuples barbares parlent de la justice du roi, de celle du comte, de celle de l'évêque et de celle du bénéficier (11). Partout elle n'est que protection, partout elle se rattache au territoire. Chaque ordre de personnes a un supérieur qui termine les contestations et rétablit la paix.

Les justices comprenaient d'autres droits que ceux de juger. Sous cette dénomination étaient réunis tous les pouvoirs de l'état. Le comte poursuivait les crimes dénoncés, faisait ajourner les parties ou les coupables, présidait les assemblées d'hommes libres pour l'élection des éche-

vins, et les échevins pour le jugement; il recueillait les amendes ou *freda*, percevait les cens,
affermait les domaines royaux, convoquait pour
la guerre, punissait le refus du service ou la
désertion, en sorte qu'il était à-la-fois officier de
justice, de finances, de guerre (12). Le bénéficier
avait les mêmes prérogatives dans son domaine,
l'évêque dans son église, et l'abbé dans son
abbaye (13). Cette confusion de pouvoirs était
inévitable à cette époque et n'entraînait ni abus
ni périls. On ne pouvait pas partager entre plusieurs les droits d'un territoire qui appartenait
à un seul. D'ailleurs il n'y avait de l'arbitraire,
ni dans les poursuites, ni dans les compositions,
ni dans les impôts, ni dans les services (14). La loi
réglait les uns et les autres. L'arbitraire des jugemens était seul à craindre, mais on avait contre lui
quelques garanties. Les juges étaient des pairs, ils
étaient nombreux, temporaires et au choix des
justiciables (15); car celui qu'on appelait *judex* ne
jugeait pas; c'étaient les échevins, dans le comté,
et les hommes du fief, dans le bénéfice.

Sous le régime féodal les justices se conservèrent dans le même état. Seulement par l'hérédité

des offices elles devinrent toutes seigneuriales,
et par l'effet de l'isolement politique, leur indépendance fut entière. Chacune d'elles fut servie
par les vassaux des fiefs immédiatement inférieurs. Le roi jugea avec ses barons, les barons
avec leurs vavasseurs et ainsi de suite jusqu'au
dernier degré de la féodalité. Les citations se
firent par pairs et les jugemens aussi.

CHAPITRE V.

Procédure judiciaire.

La jurisprudence avait subi des changemens
qu'il n'est pas nécessaire d'indiquer ici, il suffit
d'exposer l'état dans lequel elle se trouvait sous
le gouvernement féodal.

La poursuite était ou criminelle ou civile.
Dans les deux cas la plainte ou la demande s'appelait *claim* (1). Afin que l'accusé ou le défendeur pussent prouver leur innocence ou
soutenir leur droit, il fallait les avertir de la poursuite. Cet avertissement, nommé sommation, se

faisait par chevaliers ou par sergens (2) , suivant qu'il était adressé à un seigneur ou à un coutumier. Il devait contenir le motif de la citation et le délai pour comparaître (3). Ce dernier se nommait ajournement. Quelquefois les parties elles-mêmes, en présence des juges, s'accordaient des délais qui s'appelaient *contremands* ou renvois. Les preuves étaient de huit espèces , comme dit Beaumanoir (4), ou par l'aveu, lorsque le défendeur reconnaissait l'obligation , ou par titres, ou par témoins, ou par records, c'est-à-dire par double jugement, ou par l'accord des parties , ou par l'évidence, ou par les présomptions, ou par bataille.

En retranchant l'aveu des parties, leur accord, la présentation des titres et l'évidence des faits qui terminaient tout d'un coup le procès, il restait, pour conduire au jugement, les témoignages, les présomptions les records ou appels, les batailles. Mais la faculté d'attaquer les témoins comme parjures et d'accuser les juges de prévarication, s'étant introduite et ayant exigé le combat dans l'un et dans l'autre cas , il s'ensuivit que les témoignages, les présomptions, les jugemens, ne décidèrent plus rien, puisque la bataille décidait tout. Cette preuve annula et remplaça les autres. Examinons son origine, son emploi et ses effets.

~~~

CHAPITRE VI.

Combat judiciaire.

Il n'y a rien de si étrange qui ne puisse devenir la loi d'un peuple et lui paraître raisonnable malgré son inconséquence, et juste malgré son absurdité. Le combat judiciaire qui nous étonne beaucoup n'a pas étonné nos pères; il s'est établi sans violence, s'est étendu sans opposition, et a formé, pendant plusieurs siècles, la jurisprudence unique de la France.

Tous les anciens peuples, avant de tenter quelque grande entreprise, consultaient l'avenir sur les résultats. La Grèce avait ses oracles, Rome ses augures, la Germanie ses combats (1). De là aux épreuves judiciaires, la distance n'était pas grande : pressentir Dieu sur un événement futur
~~~

ou le consulter sur un événement passé étaient
deux idées du même ordre, appartenant à la
même croyance, ni plus absurdes, ni plus sen-
sées l'une que l'autre. Si Dieu pouvait instruire
sur ce qui devait être, il pouvait éclairer sur ce qui
avait été. Ainsi pensèrent les Germains. Ils faisaient combattre deux champions pour éclaircir
un droit ou pour décider un fait (2). Cette manière de discuter convenait d'ailleurs à un peuple
plus belliqueux qu'éclairé, et qui était beaucoup
plus frappé de l'évidence d'une victoire que de
celle d'un raisonnement.

Tous les peuples du Nord n'admirent pourtant pas le duel; quelques-uns se contentèrent
du serment (3), mais peu à peu le duel devint
général et voici comment.

Le doute était fréquent à une époque où il
était difficile de constater les droits, et de
démontrer les faits. De nos jours, lorsque les
preuves manquent on ne poursuit pas. Il n'en
était pas de même alors : au lieu d'être chargé
de la preuve on chargeait l'accusé de la justifica-
tion. Celui-ci, en garantie de son innocence donnait son serment, et celui d'un plus ou moins

grand nombre de personnes, selon l'importance de l'accusation. De là le système de *compurgations* (4). Mais ce serment de l'accusé était de détresse, et celui des *compurgateurs* de complaisance. Un pareil mode de décision mettait la justice à la merci du parjure. On en sentit bientôt les abus. A faire lever le doute on aima mieux que ce fût par Dieu qui était juste que par les parties qui étaient intéressées à ne pas l'être. De là le recours général aux épreuves par le combat.

Mais ce ne fut pas tout : les épreuves qui étaient destinées à lever le doute contribuèrent à l'étendre. Les compurgateurs qui attestaient un fait qu'ils ignoraient étaient des parjures; mais les témoins qui attestaient un fait qu'ils connaissaient ne l'étaient pas, et cependant on traita les témoins comme les compurgateurs; il suffit de démentir leurs attestations pour les rendre sans effet. Il fallut alors, malgré l'évidence, recourir à un moyen de lever ce nouveau doute, et ce moyen fut le duel. Comme des compurgateurs on était allé aux témoins, des témoins on alla aux juges. Pour empêcher le jugement on contesta la véracité du témoin ; pour ne pas subir le jugement on contesta la moralité du juge. Avec un démenti donné à sa probité, on éleva un nouveau doute, et pour ce nouveau doute il fallut encore le duel. C'est ainsi que le doute devint général, qu'il s'étendit des faits aux témoignages, et des témoignages aux jugemens. C'est ainsi que les incertitudes se multiplièrent avec les suspicions, et les combats avec les incertitudes (5). Tout, en dernier lieu, fut soumis au duel, et les faits, et les droits, et les preuves et les jugemens.

Dans les premiers temps, lorsque les classes étaient mêlées, les armes en cas de duel étaient les mêmes pour tous. Dans la suite, lorsque les classes furent séparées, chacune d'elles combattit avec ses propres armes. La noblesse à cheval et avec l'épée, la roture à pied avec le bâton. Mais comme il pouvait se faire qu'un coutumier fût en contestation avec un feudataire, il fallait régler dans ce cas quelles devaient être leurs armes. Laisser à chacun les siennes c'eût été consacrer une inégalité et vouloir une injustice. On éluda la difficulté sans la résoudre. Lorsque le feudataire fut l'appelant il prit les armes du coutumier, lorsqu'il fut l'intimé il garda les siennes (6); soit qu'on eût l'intention d'accorder plus à la défense qu'à l'attaque, soit qu'on voulût punir dans un cas l'audace d'un roturier qui défiait un gentilhomme, et dans l'autre la dérogeance du gentilhomme qui défiait un roturier.

La loi qui avait déterminé les cas du duel avait aussi réglé ses formes et ses suites (7). Un appareil imposant, des sermens redoutables, la mort, la ruine ou l'infamie du vaincu, étaient propres à effrayer les plus intrépides, et à décourager les plus obstinés. Aussi les témoins craignaient de déposer, les parties de poursuivre, les juges de siéger; ceux-là seuls avaient recours aux tribunaux, qui ne pouvaient pas se faire justice eux-mêmes. L'anarchie en devenait plus grande, les guerres privées plus nombreuses; car dans ce dernier cas, les dangers n'augmentaient point et les frais étaient moindres : il fallait, devant les tribunaux, exposer sa vie et payer sa défaite.

CHAPITRE VII.

Guerres privées.

Rien n'était, plus opposé que la guerre privée et le combat judiciaire, puisque la guerre privée se faisait au défaut de la loi, et le combat judiciaire avec l'autorisation de la loi : dans l'une il y avait des ennemis, dans l'autre des parties ; l'une remettait dans l'état de nature, sans autre droit que la force, sans autre borne que la vengeance; l'autre laissait dans l'état de société, et tout était réglé, ses motifs, ses moyens, ses suites.

En Germanie et en France, il n'existait point de partie publique, chargée de la recherche des offenses et des délits : leur poursuite était purement personnelle. Ceux qui étaient lésés pouvaient seuls citer leurs adversaires en justice (1). Mais s'ils ne s'adressaient pas aux tribunaux, et qu'ils eussent recours aux armes, comme les juges n'étaient pas investis de l'affaire, ils ne se mêlaient point du débat. Alors la contestation était vidée par les guerres privées, dont l'emploi était plus fréquent que celui des voies judiciaires, chez un peuple violent, qui préférait une vengeance prompte et directe aux réparations légales. De là la multiplicité des guerres privées sous les deux premières races : notre histoire (2) est pleine des sanglantes querelles des particuliers, des familles et des villes. Ces guerres étaient ordinairement suspendues par des trèves et terminées par des compositions. La loi avait réglé le tarif de ces dernières, et c'était devant les juges qu'elles étaient accordées. Cette paix ainsi placée sous la sauve-garde de la loi, était un contrat par lequel l'un réparait son délit, et l'autre abandonnait sa vengeance.

Dans les premiers temps de la monarchie le droit de guerre appartenait à tous, parce que tous étaient libres : pendant la féodalité les gentilshommes en jouissaient seuls, parce que les serfs ne s'appartenant pas, ce n'était pas à eux à poursuivre leur offense : elle retombait sur leur seigneur, qui avait intérêt à la venger, et qui de plus en avait le pouvoir. Comme à cette époque

il n'existait point de gentilhomme sans château,
le droit de guerre s'attacha au manoir et parut
la conséquence de sa possession; ce qui fit que
les hommes des communes n'eurent point per-
sonnellement ce droit, parce qu'ils furent sans
manoir.

— Le droit de guerre, apporté de Germanie (3),
admis sous la première race, reconnu par Charlemagne (4), favorisé par Charles-le-Chauve (5),
était devenu général sous la féodalité (6). Plusieurs causes contribuèrent alors à l'étendre.
Tout s'étant isolé, les juridictions et les hommes,
il n'y eut plus de subordination politique; les
grands vassaux, ducs, comtes, barons, évêques,
n'ayant plus de supérieur commun ou ne voulant
plus le reconnaître, soumirent leurs griefs, non
aux tribunaux, mais aux armes, ce que les Suzerains pratiquaient entr'eux, les inférieurs l'imitèrent. De district féodal à district féodal il n'y
eut plus justice, mais guerre. Dans chaque dépendance particulière il exista encore une sorte
de règle, et l'on put soumettre les différens à
une cour, et les juger d'après une loi; là se conservait la société, parce qu'il s'y trouvait un su-

périeur commun qui pouvait s'établir médiateur
et juge. Mais là encore si le seigneur refusait la
justice au vassal ou si le vassal se trouvait assez
fort pour se soustraire à la domination du seigneur, la guerre était déclarée. Ces causes avaient
rendu les hostilités permanentes : les vêtemens
étaient devenus des armes, les maisons des for-
teresses, et la famille un camp (7).

La guerre privée, qui s'était étendue en même
temps que la puissance publique, avait décliné,
devait décliner en même temps que la puissance publique s'étendrait. Cela sera dit en son
lieu.

CHAPITRE VIII.

Des lois des fiefs.

Après avoir examiné le système féodal dans ses
rapports politiques avec l'état, analysons rapidement les lois particulières des fiefs. Elles existèrent encore sous saint Louis, et en les faisant
connaître ici nous serons dispensés d'en faire la

revue ailleurs. D'autant mieux qu'ici ces détails sont à leur place, et que plus tard ils embarrasseraient notre marche, et interrompraient le récit d'une grande révolution législative.

L'hommage était la première condition des fiefs, il liait le vassal au seigneur; il consacrait la supériorité de l'un, la dépendance de l'autre, et les devoirs de tous deux. Par la foi le vassal promettait fidélité au seigneur, par l'hommage (1), il devenait son homme; c'était par là seulement qu'étaient réglés les alliances, les services et les pouvoirs. Le vassal n'avait droit qu'à la protection de celui à qui il avait prêté l'hommage, et le seigneur qu'à la soumission de ceux de qui il l'avait reçu. Du suzerain à l'arrière-vassal il n'existait ni droit ni devoir, parce qu'il n'y avait point d'hommage.

L'hommage était de plusieurs espèces. Nous ne distinguerons que le *lige*, et le *non-lige* (2). Le lige attachait tellement le vassal au seigneur, qu'il était obligé de le servir contre tous, et pour employer la formule de cette époque, contre *homme qui vive et qui meure* (3). Le non-lige était l'hommage simple (4). Celui-ci, d'abord plus commun que l'autre, était ensuite devenu plus rare. En voici la raison. La multiplicité des inféodations et des sous-inféodations avait divisé les fiefs à l'infini, et fait admettre à leur possession et recevoir en foi ceux qui en avaient déjà, comme ceux qui n'en avaient pas encore : par là une seule personne avait été tenue envers plusieurs seigneurs, du service de cour et de guerre, ce qui était devenu embarrassant lorsque ce service avait été exigé en même temps par plusieurs, ou par les uns contre les autres. Dans certains lieux le vassal ne prêtait en pareil cas secours à aucun, dans d'autres, au plus ancien ; ce qui s'appelait sauver l'hommage. Les seigneurs frappés de ces inconvéniens ne reçurent plus qu'en hommage lige, c'est-à-dire contre tous, ce qui renforçait la foi en restreignant le service. Il en résultait en outre l'avantage d'obliger la personne, et en conséquence tous ses biens, tandis que l'autre n'obligeait la personne qu'en conséquence du fief (5). L'hommage lige devint bientôt le seul : ses cérémonies étaient bien différentes de l'autre; elles annonçaient une dépendance plus grande imposée au vassal, et un pouvoir plus étendu accordé au seigneur : on le prêtait les mains jointes, à genoux et sans épée, tandis que l'autre se faisait debout, avec l'épée, et en s'inclinant seulement devant le suzerain (6).

Le seigneur, après avoir reçu la foi du vassalle, mettait en possession du fief. Cet acte qui était la suite de l'hommage et le prix de la dépendance, s'appelait investiture ou ensaisinement (7). Il se fit d'abord avec des cérémonies qui, à défaut de charte, purent constater la tradition. L'usage de l'écriture le changea en simple contrat; moins d'appareil fut alors nécessaire, parce que l'existence d'un titre suffit seule, et rendit inutiles toutes les autres garanties.

Le vassal mis en possession fut tenu de présenter à son seigneur la description de son fief dans toutes ses parties, avec tous ses services et tous ses droits. Cette formalité, exigée une seule fois pendant la vie du vassal, dut être remplie dans les 40 jours après l'hommage. C'était une sûreté pour le seigneur et une précaution contre le vassal. Par là tout dépérissement du fief était empêché, et le refus des services, sous le prétexte qu'ils n'étaient pas dus, devenait impossible. Aussi cet acte conservateur s'appelait *aveu*, parce qu'il faisait relever le fief entier du seigneur, et *dénombrement,* parce qu'il en déterminait toutes les conditions et tous les droits (8).

Après avoir prêté l'hommage, reçu l'investiture et fait l'aveu, le vassal jouissait du fief. Il ne dépendait plus du seigneur de le retirer, et l'infraction seule des lois féodales pouvait le lui faire perdre. Cette infraction s'appelait *félonie* quant à sa cause, et *commise* (9) quant à ses effets, car elle détruisait la foi et exposait le fief. Ainsi renoncer à l'hommage ou le nier, désavouer son seigneur pour un autre, le frapper sans l'avoir été par lui, l'accuser de trahison sans preuve, abuser de sa femme ou de sa fille, refuser le service de cour ou celui de guerre, conspirer contre lui ou le trahir, le démentir dans certains cas, démembrer le fief, rendaient le vassal coupable, et son bénéfice commis (10). Mais si le vassal pouvait être puni de ses félonies, il était dans l'ordre que le seigneur pût l'être aussi des siennes. L'alliance étant commune les devoirs étaient réciproques, et leur violation devait être périlleuse de chaque côté. Aussi l'injure faite par le seigneur au vassal ou en sa personne, ou en l'honneur de sa femme et de sa fille, le refus de justice dans ses plaintes ou de secours dans ses dangers, le dégageaient, lui, de l'hommage, et son fief, de la dépendance (11).

Il est aisé de voir les motifs de ces communes obligations. Si l'asile domestique n'eût pas été inviolable, et l'honneur des femmes respecté, dans un temps où le vassal avait si souvent la garde de la famille du seigneur, et le seigneur la défense de la famille du vassal; si la foi n'eût pas été gardée lorsqu'elle était le seul lien parmi les hommes et formait leur unique sûreté; si l'on n'eût pas condamné le démenti qui blessait la fierté et rompait les alliances, qu'eût-ce donc été que ce reste de gouvernement appelé la féodalité?

Les fiefs pouvaient se vendre, se donner, s'échanger, se transmettre (12). Mais comme ils différaient des propriétés ordinaires par les devoirs du vasselage, leurs aliénations avaient des règles particulières, que nous allons faire connaître. Avant tout, disons un mot du *démembrement* de fief, et de sa différence avec le *jeu* de fief.

Le vassal était propriétaire du fief sous certaines conditions. Sa possession était illimitée dans sa durée, mais non dans son exercice. Il ne pouvait ni diminuer son étendue, ni réduire ses services, car autrement il eût attenté aux réserves du suzerain. En aliénant une portion du fief sans retenir l'hommage pour le seigneur, ou en la cédant sous la condition de l'hommage pour lui-même, il l'enlevait également à son ancienne dépendance. Dans le premier cas, l'hommage était perdu, dans le second il descendait, ce qui était la même chose pour le suzerain; à qui l'arrière-vassal ne devait rien; aussi cette aliénation et cette sous-inféodation étaient défendues sous le nom de *démembrement*. Le *jeu de fief* (13). qui consistait à donner à cens ou à rente une portion du domaine, était permis au contraire, parce qu'il maintenait le fief dans son intégrité et le vassal dans toutes ses obligations. Le seigneur n'avait aucun intérêt à s'y opposer, il lui suffisait de conserver la dépendance et de recevoir les services.

Si la vente d'une partie du fief était interdite, celle du fief entier ne l'était pas. Elle changeait le maître du fief sans changer sa nature. Il restait toujours au suzerain l'hommage et un vassal. Le vendeur demandait à être délié de sa foi, et offrait de mettre l'acquéreur à sa place. Si le seigneur l'acceptait, la vente avait lieu. Son assentiment était nécessaire afin qu'il ne reçût pas un vassal malgré lui. De plus il participait au prix de l'aliénation, et sa part se nommait *lods* et *ventes* (14). Elle était ordinairement d'un cinquième. L'origine de ce droit vient, comme on l'a pensé, de ce que le fief ayant été primitivement une cession, le seigneur dut être dédommagé à chaque changement de maître.

Le fief était transmis aux enfans par succession. Mais son partage était inégal. L'aîné en avait les deux tiers, les autres se divisaient le reste (15). Cette inégalité, que le gouvernement féodal introduisit dans les partages, était nécessaire à son maintien. Une trop grande subdivision eût empeché les hommages et annulé les services. L'aîné, que son âge désignait comme le plus capable d'être reçu en vasselage, fut préféré à ses frères. Il prêta l'hommage en son nom et au leur, et il acquitta les devoirs du fief avec leur concours. C'est ce qu'on appela *parage*(16). L'aîné fut désigné sous le nom de *parageau*, les puînés sous celui *d'aparageurs*. Le fief, divisé entr'eux, fut considéré comme indivis à l'égard du seigneur. Par ce moyen il ne fut prêté qu'un hommage, et payé que les droits d'un seul fief. Il n'eût pas été juste que chaque partie de la succession fût soumise aux mêmes charges, et qu'au lieu d'un fief et d'un vassal, le seigneur eût plusieurs fiefs et plusieurs vassaux. Mais le parage étant uniquement dans l'intérêt de la famille, ne durait qu'autant qu'elle. Aussi le parage cessait lorsque la parenté était arrivée au quatrième degré, ou lorsque les portions tenues de cette manière passaient à des étrangers. Alors chaque portion était un fief qui devait le service, dont le propriétaire prêtait l'hommage et devenait vassal. Il était dans l'ordre que la famille l'emportât sur le seigneur et le seigneur sur des étrangers.

La succession féodale donnait au seigneur un droit qui obligeait les héritiers à *racheter* de ses mains le fief qui était censé lui revenir par la mort du vassal. Ce droit consistait dans la jouissance du fief pendant un an, et il s'appelait *relief*; ou dans le prix de ses revenus pendant le même espace de temps, et il s'appelait *rachat*. C'était la même chose sous deux noms différens (17).

Dans le cas de la vente et de la succession féodale, le seigneur pouvait encore reprendre le fief en payant sa valeur, ce qui s'appelait *retrait* (18). Par ce moyen il avait la faculté de refuser un vassal qui ne lui convenait pas.

Ainsi à chaque mutation, le seigneur perçut un droit sur le fief, ou put le reprendre. Les lods et ventes eurent lieu lorsque le fief passa à un étranger; le rachat, lorsqu'il resta à la famille; le retrait, lorsque le seigneur ne voulut laisser le fief ni à un étranger ni à la famille. L'un fut la permission de vendre avec participation au prix; l'autre la continuation de la propriété du père au fils, avec un dédommagement; l'autre, enfin, un achat par préférence. Ces droits avaient tous la même origine.

Il y avait d'autres droits qui dépendaient des fiefs, comme les *tailles* (19) à l'égard des roturiers, et les *aides* (20) à l'égard des gentilshommes; les amendes et les confiscations pour les justices, les cens, les corvées, les champarts (21) pour les terres; enfin les péages (22) pour la réparation et la garde des chemins et des passages publics, et les droits de foire et de marché (23) pour la vente des denrées et des marchandises.

Le régime féodal ainsi connu, parcourons les révolutions qu'il essuya avant saint Louis; indiquons la nouvelle tendance des choses, déterminons les effets de l'affranchissement général ou des communes; de la réunion des grands fiefs à la couronne, de la création des bailliages, de la loi des assuremens, et faisons connaître les diverses tentatives des rois pour restreindre la féodalité, réduire ses justices, diminuer ses guerres privées, et soumettre les diverses souverainetés à la sienne.

CHAPITRE IX.

Décadence de la Féodalité.

LA féodalité était arrivée à son entier accomplissement; cette époque fut celle de sa plus

grande force ; depuis elle déclina jusqu'au moment où elle disparut. Lorsqu'une chose s'établit,
c'est qu'elle ne rencontre plus d'obstacle ; elle a
donc alors son maximum de puissance : à ce point
elle s'arrête et elle perd. Comme elle ne trouve
plus d'opposition, elle croit n'avoir plus d'ennemis. Les intérêts vaincus lui paraissent des intérêts convertis. Elle se croit seule, parce que tout
s'arrange d'après elle, et l'absence des dangers
la détourne des précautions. Qu'arrive-t-il ? D'autres intérêts se déclarent : ils ne la combattent
pas, ils se forment ; ils ne se séparent pas d'elle,
mais ils ne sont pas elle. S'affaiblissant sans le
croire, en butte à une opposition sans la voir, ce
n'est qu'au moment où elle a perdu ses forces
qu'elle est attaquée, et au moment où elle suc-
combe qu'elle songe à la résistance. Il n'y a point
encore eu de révolutions qui ne se soient accomplies de cette manière. Les intérêts qui domi-
nent décident du mouvement social. Ce mouvement arrive à son but à travers des oppositions,
cesse quand il l'a atteint, est remplacé par un
autre qui ne s'aperçoit pas lorsqu'il commence,
et qui ne se fait connaître que lorsqu'il est le

plus fort. Telle a été la marche de la féodalité. Elle était dans les besoins avant d'être dans le fait, première époque ; et elle a été ensuite dans le fait en cessant d'être dans les besoins, seconde époque ; ce qui a fini par la faire sortir du fait. Examinons cette dernière période jusqu'à saint Louis.

La féodalité, c'est-à-dire, le lien du vassal au seigneur, avait moins favorisé que limité l'anarchie. Si le mouvement social qui poussait à l'isolement, n'avait point été suspendu, il n'eût pas conduit à la féodalité, mais à l'état de nature. L'isolement était cependant allé bien loin : il avait éparpillé les forces et morcelé la société. Le gouvernement féodal, survenu pendant ces entrefaites, n'avait pas annulé ces effets ; il s'était borné à les arrêter. Comme il s'était établi au milieu des guerres, des épreuves judiciaires, de la tyrannie et du désordre, il semblait avoir produit tout ce qu'il avait trouvé. Les résultats de l'isolement paraissaient être ses conséquences. L'anarchie lui était attribuée, parce qu'il ne l'empêchait pas ; en un mot, tout ce qui n'était que son accompagnement passait pour être son œuvre (1).

Quoi qu'il en soit, arrivée à ce point, la société devait se recomposer ou périr. Il était impossible qu'elle subsistât long-temps avec les institutions féodales. Les guerres privées, l'indépendance des justices et la jurisprudence des épreuves, la poussaient de sa dislocation à sa ruine. Pour le voir, il n'y a qu'à examiner leurs effets. La division avait produit les guerres privées; l'isolement, l'indépendance des justices; et les mœurs, les duels. A leur tour ces institutions conduisaient à des résultats anarchiques. Les guerres privées maintenaient les désordres en dedans et en dehors des fiefs : en dehors, par les relations de hyérarchie féodale à hiérarchie féodale; en dedans, par les relations de fief à fief dans chaque hyérarchie. Les justices seigneuriales en consacrant l'indépendance, perpétuaient l'isolement. Les épreuves, en réduisant les jugemens à un combat, rendaient les tribunaux inutiles. Les voies judiciaires qui auraient dû restreindre les guerres privées, les rendaient plus fréquentes en tenant les justiciers en hostilité par la séparation des cours, et en faisant déserter les tribunaux à cause des périls des jugemens. Il y a ordinairement dans les moyens légaux quelque chose qui atteste la règle, et qui arrête l'anarchie. Ici c'était le contraire : la guerre une fois admise dans les tribunaux, on aimait mieux combattre ailleurs, à volonté, avec ses hommes, que là, seul, et avec besoin d'approbation. Ainsi, tout, en dernier lieu, aboutissait à la guerre.

Le désordre qui en résultait n'était au profit de personne, ni des rois, ni des feudataires, ni des villes, ni des campagnes. Les rois auraient voulu étendre leur souveraineté, les feudataires posséder la leur sans trouble, les villes obtenir de la sûreté, les campagnes du répit. Il y avait donc un besoin général d'ordre; mais, avec cet état de choses, il était impossible de le rétablir. Comment tant d'intérêts contraires et de pouvoirs armés seraient-ils parvenus à s'entendre et à vivre en paix ! L'ordre ne pouvait pas reparaître sans union, l'union ne pouvait pas exister avec la souveraineté des fiefs, ni la souveraineté des fiefs être détruite sans l'occupation graduelle du territoire par un seul. Les droits tenant au sol, et la division du sol maintenant l'égalité et perpétuant l'anarchie, il fallait arriver à l'ordre par la puissance, et à la puissance par l'accroissement des domaines. Attaquer les droits de prime-abord eût été ne rien faire : ils auraient résisté, parce qu'ils étaient nombreux. Le plus sûr moyen était de les priver de leur base, et dès-lors ils tombaient tout seuls (2).

Les rois devaient naturellement conduire cette révolution. C'était à leur détriment que la féodalité s'était établie ; leur intérêt les portait à la détruire, et leur position dans l'état le leur permettait. Aussi puissans que les grands vassaux comme feudataires, plus puissans qu'eux comme rois; outre leurs forces réelles et leur suprématie honorifique, l'emplacement de leurs domaines les faisait le centre de toutes les relations. En se servant de ces divers avantages, ils devaient peu à peu ruiner la féodalité, et s'élever sur ses débris.

Mais pour cela il fallait lui reprendre les hommes, les terres et les pouvoirs. Il fallait instituer, à part de la société féodale, une autre société, qui fût à la fois son ennemie et son héritière ; il fallait créer une nouvelle classe d'hommes bien

6

gouvernée, tandis que l'autre l'était mal; unie, tandis que l'autre était divisée; s'enrichissant sans cesse et se recrutant de jour en jour, tandis que l'autre perdait sa fortune, et diminuait en nombre. Il fallait des justices ordinaires en opposition avec les justices seigneuriales; une procédure raisonnable en opposition avec la jurisprudence des armes; enfin l'ordre et ses avantages en opposition avec l'anarchie et ses misères. Tels étaient les moyens qui devaient amener la déchéance de la féodalité, et son remplacement. Ces moyens furent fournis par l'établissement des communes.

CHAPITRE X.

Établissement des Communes.

LES communes ont changé toutes les relations intérieures et extérieures des sociétés européennes; elles ont affranchi les hommes (1), désinféodé les terres, créé une propriété presque inconnue, la richesse mobilière; introduit un

peuple dans l'état, et un pouvoir dans le gouvernement. L'ordre , la population , le commerce
et les lettres , datent de leur établissement et
viennent d'elles. La marche des gouvernemens
en a reçu une nouvelle direction. Ici les communes ont agi pour leur propre compte , là elles
se sont associées aux rois contre les feudataires ,
ailleurs aux feudataires contre les rois. Cette
différence de conduite, amenée par la différence
de leurs positions , a produit à son tour des conséquences opposées. En Italie , les communes
se sont changées en républiques; en France,
elles sont redevenues des villes ; en Angleterre ,
elles se sont maintenues communes. La démocratie , la monarchie absolue et le système représentatif en ont résulté : la démocratie , là où
les communes ont dominé seules ; la monarchie
absolue , là où elles se sont liguées avec les rois
qu'elles n'ont pas pu contenir ; le système représentatif , là où les feudataires se sont servi d'elles
pour limiter la royauté. Entrons à cet égard
dans quelques développemens ; examinons d'a-
bord les communes comme peuple , et ensuite
comme pouvoir.

6.

Avant l'établissement des communes , toute la nation était dans le roi et dans les seigneurs. Cette nation était plus que libre , elle était souveraine; propriétaire des pouvoirs, des hommes et des terres , elle tenait en servitude les villes et les campagnes. Cette servitude n'était point uniforme; différente suivant les lieux et suivant les maîtres, elle était plus onéreuse dans les champs que dans les villes , sous un seigneur laïc que sous un seigneur ecclésiastique. Elle croissait avec les troubles et les épuisemens ; mais elle devait trouver son terme dans les excès mêmes qui semblaient destinés à prolonger sa durée. Le désordre l'avait produite , le désordre amena sa suppression (2). Reprenons les choses de plus haut.

La classe des anciens hommes libres avait disparu. Sans pouvoir , sans lien, sans chef ; faible quoique nombreuse , comptée pour peu sous la première race , pour moins encore sous la seconde , elle finit à petit bruit comme tout ce qui est en sous-ordre dans l'état. Peu propre à résister , peu intéressée à le faire , elle céda au mouvement qui entraînait à la féodalité. Celle-ci ouvrit ses rangs aux hommes libres, tous ceux qui purent y entrer en firent partie; les autres se placèrent en servitude ou y furent réduits.

Il n'y avait donc plus que des souverains et des esclaves, sans classe intermédiaire entre eux. Maintenant comment ces esclaves furent-ils affranchis? comment une classe intermédiaire fut-elle créée, et à quelle époque s'opéra cette grande révolution? Le voici:

Le désordre était arrivé à son comble, la guerre donnait ses résultats, les ravages et la dépopulation; les friches augmentaient chaque jour, les seigneurs perdaient leurs revenus et leurs hommes; la gent-taillable réduite en nombre et surchargée d'exactions, donnant plus et recueillant moins; devenait hors d'état de satisfaire aux exigeances féodales. Harcelée à la fois par ses maîtres et par leurs ennemis, elle se souleva (5). Ce fut pour la ramener que les seigneurs lui donnèrent des chartes d'affranchissement. Il fallut traiter avec elle, la rassurer contre les exactions et les ravages, et dès-lors lui donner des garanties, en lui cédant des droits. Ces traités furent appelés à la fois *Pactes de paix et de franchise.* Un autre motif s'y joignit encore : en échange des libertés qu'ils accordèrent, les seigneurs reçurent des indemnités en argent. Comme ils étaient apauvris, cet argent vint à-propos, et les serfs le donnèrent avec empressement, car il devait porter intérêt : il valut d'abord la sûreté, et dans la suite autre chose.

L'époque de cette révolution (4) est le règne de Louis-le-Gros. La première charte des communes est attribuée à un sire de Vervins. L'exemple une fois donné, devint général. Louis-le-Gros vit combien cette innovation contribuait au bien-être de l'état ; il s'en fit le propagateur et le soutien. Les besoins de l'époque firent établir les communes, l'état des circonstances fournit le modèle de leur organisation : œuvre de la nécessité, elles furent ce qu'elles devaient être.

Pour qu'elles remplissent la fin de leur établissement, il fallait qu'elles pussent se défendre; elles ne pouvaient pas se défendre sans armes, ni se servir de leurs armes sans en avoir le droit, ni se maintenir sans un gouvernement propre, ni se gouverner sans argent, ni demeurer libres sans justice. Il était dès-lors indispensable de leur céder toute la puissance publique de ces temps, et le port d'armes, et le droit de guerre, et le pouvoir législatif, et le droit d'impôt, et le droit de justice. Pour en faire des asiles de paix il fallait en faire des places fortes. Aussi le système municipal fut-il une véritable cession de la souveraineté, et les communes, des petites républiques (5).

Le peuple nouveau n'appartint point au régime des fiefs; il échappa aux seigneurs par l'affranchissement, et à la féodalité par le système municipal. Ce système fut purement démocratique. Au lieu de fonder le droit sur la force il le fonda sur les convenances du plus grand nombre; au lieu de le faire dériver de la propriété il le fit dériver de la justice. La féodalité en reçut un grand coup. Toute innovation est mortelle à un pouvoir inique et usé. On s'accoutuma à une administration plus juste et plus libérale, et dans la suite la royauté en créa une, non sur ce modèle, mais dans ce but d'équité.

Le nouveau peuple, à l'abri des agressions, travailla en sécurité à sa subsistance. Les terres appartenant à ses anciens maîtres, ses gains fu rent purement mobiliers, il se livra à l'agriculture et au commerce. Le travail lui donna l'aisance, et l'aisance augmenta sa population. Afin de tirer parti de son aisance, il échangea ses profits pour des domaines; afin de placer sa population, il en transporta une partie dans les champs pour les défricher, et occupa l'autre à la culture des lettres : apprécions cette double révolution.

Deux choses portèrent les hommes des communes à l'achat des terres, le désir d'immobiliser leur fortune pour la rendre plus sûre, et celui d'obtenir les prérogatives attachées aux fiefs. Les terres étaient une propriété plus relevée, elles donnaient des distinctions et du pouvoir, et dès-lors elles flattaient la vanité et tentaient l'ambition. La règle générale des fiefs, lorsqu'ils ne pouvaient être possédés que par la noblesse, se maintint quelque temps encore lorsqu'ils purent l'être par les affranchis (6). Mais bientôt les hommes anciens ne voulurent plus admettre parmi eux les hommes nouveaux; il fut permis à ceux-ci d'acquérir des fiefs, mais cette acquisition ne les anoblit plus. Par ce moyen, la noblesse crut concilier ses besoins et son orgueil :

ses besoins, qui la portaient à vendre; son orgueil, qui lui défendait de faire de ses inférieurs ses égaux. Mais ce fut de sa part une grande faute: elle voulait éviter d'être envahie par des parvenus et elle ne l'évita point ; elle crut garder la puissance en ne la cédant pas, et elle la perdit.

La classe supérieure ne peut se perpétuer qu'en se recrutant: peu-à-peu ses rangs se dégarnissent, les familles qui la composent ne durent pas toujours; il faut dès-lors remplir les vides, remplacer les supériorités qui tombent et les familles qui s'éteignent. Ce n'est qu'à ce prix que les noblesses se maintiennent; elles sont forcées à des adoptions qui blessent leur fierté, mais qui conservent leur puissance. En France, la classe privilégiée elle-même ne s'est conservée que par ce moyen. En dernier lieu, toutes les anciennetés avaient disparu, et l'on ne voyait dans ses rangs que des hommes nouveaux avec des généalogies d'emprunt. Elle eût donc mieux fait d'accepter des possesseurs de fiefs que des légistes qui la combattirent, et des financiers qui la dégradèrent.

Cette faute fut utile à la France, sans elle les

droits ne se seraient pas séparés du sol, et les terres ne seraient pas tombées en roture : la noblesse à pouvoir, qu'il faut bien distinguer de la noblesse à titre, se serait perpétuée parce qu'elle n'aurait rien perdu; le peuple nouveau se serait affaibli de tout ce qu'il aurait fourni au peuple ancien; au lieu que le peuple ancien resta avec ses pertes et le nouveau avec ses accroissemens. Cette disjonction des terres et des pouvoirs est très-remarquable : elle priva ces derniers de leur appui, ce qui les livra facilement à la royauté.

Les défrichemens produisirent à peu près les mêmes effets que la vente des fiefs, ils changèrent les terres de féodales en roturières, comme les ventes changèrent les maîtres de féudataires en roturiers. Données d'une manière permanente par un bail qui étendit le fermage à plusieurs générations et qui équivalut à un dessaisissement, elles transportèrent peu à peu les propriétés immobilières de la noblesse aux communes. Le contrat se nomma *emphytéose*, la rente *censive*, lorsqu'elle se paya en argent, et *champart*, lorsqu'elle se paya en nature. La cession des terres incultes donna

lieu au mot roture *à rumpendis*, et leur dépendance du fief à la *directe seigneuriale* (7).

L'activité du nouveau peuple avait besoin
d'emploi. La féodalité lui était fermée, il ne participait ni aux exercices du château, ni aux
épreuves de la chevalerie, ni aux bans, ni aux
tournois. Il se jeta dans la science, et en fit une
sorte de chevalerie qui eut aussi ses épreuves,
ses grades et ses joûtes. Mais ce n'était là encore
qu'un exercice sans résultat: le moment vint
bientôt où la science ne fut plus oiseuse. Lorsque les affranchis passèrent des universités aux
justices, les rois, à qui ils apprirent à changer la
jurisprudence et le gouvernement, leur confiè-
rent le maintien des nouvelles lois et l'exercice
du pouvoir. Les hommes nouveaux, sous le nom
de *légistes*, occupèrent successivement, comme
nous le verrons en son lieu, les prévôtés, les
bailliages, les parlemens; et, sous le nom de
tiers-état, firent partie des assemblées de Philipe-
le-Bel (8).

Avant saint Louis les communes étaient res-
tées immobiles; cantonnées au milieu de la féodalité, elles cherchèrent moins à l'attaquer qu'à

lui résister. Elles se gouvernèrent avec calme, et se défendirent avec énergie ; mais sous ce prince les hommes nouveaux commencèrent l'attaque, et après avoir aidé les rois à limiter la féodalité, ils les aidèrent à la détruire.

L'élément démocratique, qui ne fut en France qu'un moyen d'ordre pour l'état, et un moyen de puissance pour le trône, eut ailleurs d'autre combinaisons, et produisit d'autres résultats. En Angleterre, où la féodalité avait été établie par un conquérant et non par des vassaux, les rois furent forts de trop bonne heure : au lieu d'avoir besoin de secours contre leurs barons, leurs barons en eurent besoin contre eux. Les communes qui, dans leurs alliances, ne cherchaient que leurs intérêts, se rangèrent du côté des vassaux, parce qu'elles avaient moins à craindre d'eux que des rois. Cela a décidé du gouvernement de la Grande-Bretagne, où l'équilibre entre les trois forces de la royauté, de l'aristocratie et de la démocratie, s'est maintenu, parce que ces forces se sont balancées. En Italie, le pouvoir démocratique domina les deux autres, parce qu'il était le plus fort ; il fit ce que le pouvoir royal fit en France. Les empereurs étant trop éloignés et les barons n'étant pas assez puissans pour surveiller les communes et les maintenir dans la dépendance, elles s'érigèrent en républiques.

Quoi qu'il en soit, cette révolution, qui a été générale en Europe, a produit partout de grands effets. Par elle l'esclavage qui couvrait la terre entière a cessé dans nos contrées; par elle les mœurs serviles ont disparu, des peuples glorieux se sont formés; les sciences, les arts, le commerce, la liberté, se sont levés sur la malheureuse Europe. Jamais rien de plus grand ne s'est vu dans le monde. Des nations peuvent se faire admirer par leurs lois, d'autres par leurs triomphes, tout cela n'a qu'un temps. Mais un bienfait qui s'adresse à tous les peuples et qui s'étend à tous les siècles, doit rester dans le souvenir de tous les peuples et de tous les siècles. Glorifions-nous, c'est à nos pères que nous le devons; quels qu'aient été leurs motifs ils ont bien mérité de l'humanité: que l'humanité porte respect à leur nom, et reconnaissance à leur mémoire!

CHAPITRE XI.

Changemens survenus dans l'autorité royale, les justices et les guerres privées.

Avant la création des communes, la royauté, réduite à ses seules forces, avait fait peu de progrès. Bornée dans sa puissance et dans son territoire, elle avait souscrit à toutes les prétentions des grands vassaux. Il n'en fut plus ainsi lorsqu'elle eut trouvé un auxiliaire dans le nouveau peuple ; dès ce moment elle commença ses entreprises contre la féodalité. Louis-le-Gros donna le signal.

La première attaque fut dirigée contre les barons du duché de France. Plus rapprochés du siége de l'autorité royale, ils furent renversés les premiers parce qu'ils la génèrent les premiers. Jusque-là ils avaient méconnu sa juridiction ; ce fut pour les y soumettre que Louis-le-Gros les combattit. La vie entière de ce prince fut consacrée à accroître ses domaines, dans le duché de France, et à y rétablir la subordination (1).

Philippe-Auguste alla plus loin : il fit à l'égard

des vassaux de la couronne ce que Louis-le-Gros avait fait à l'égard des barons du duché de France. Ces altiers feudataires négligeaient ses *cours* et ne paraissaient pas dans ses armées; il les força à reconnaître la juridiction royale et à acquitter leur service. Bien plus, en confondant dans ses *cours* les vassaux de la couronne avec les vassaux du duché de France, il obligea les premiers, non-seulement à reconnaître pour souverain celui qu'ils avaient traité en égal, mais à souffrir pour égaux ceux qui avaient été leurs inférieurs. Philippe-Auguste accrut à leurs dépens son territoire et sa souveraineté dans le royaume (2).

Ce monarque, devenu plus puissant, eut des troupes soldées (3), qui, toujours disposées à l'obéissance, pussent soutenir ses droits et exécuter ses desseins. Maître d'un territoire plus vaste, il créa de nouveaux officiers pour y exercer sa juridiction. Ces officiers se nommèrent baillis ; leurs fonctions furent celles des comtes de la première race. Ils convoquaient les hommes libres, et les conduisaient au combat; présidaient les assises, assemblées établies sur le modèle des anciens plaids; recevaient les appels, nommaient

les prévôts, percevaient les revenus et les amendes, répondaient de leurs actes envers les sujets
et rendaient compte au souverain. Ainsi le recou-
vrement des domaines fit rétablir ce que la perte
des domaines avait aboli (4).

Les baillis servirent la royauté au-delà de ses
espérances. Ils empiétèrent sans cesse sur les justices seigneuriales : par l'introduction des cas
d'appel ils les mirent dans leur dépendance ;
par l'introduction des cas royaux ils diminuèrent
leur autorité. Il est bon de parler et des uns et
des autres.

La confusion étant à son comble, pendant l'a-
narchie féodale, les appels avaient été suspendus ;
ils auraient été inutiles à une époque où les contestations se vidaient ou hors des tribunaux par
les armes, ou dans les tribunaux par les épreuves.
L'ordre se rétablissant un peu, les appels recom-
mencèrent. Ceux de *défaut de droit* (5) réparu-
rent les premiers. Plus faibles que leur seigneur,
les vassaux trouvaient de grands dangers à prendre les armes contre lui pour déni de justice :
aussi dès qu'ils le purent, c'est-à-dire dès que
la puisance remonta, ils en appelèrent au suze-

rain de leur seigneur, lequel était intéressé à accueillir leurs plaintes et à leur accorder sa justice; cet appel, en devenant commun, concentra les juridictions, et renoua la chaîne des dépendances.

Les appels du mal-jugé (6) furent rétablis, mais le combat judiciaire les rendit rares en les empêchant de s'étendre; nous verrons plus tard ce qu'ils devinrent, lorsque saint Louis abolit le combat.

Les cas royaux étaient des causes réservées que le roi seul pouvait juger. Un de nos monarques les appela tout ce qui, *par le droit ou par la coutume, appartient exclusivement à un prince souverain* (7). Leur nombre ne fut pas fixé ni leur caractère défini; les baillis profitèrent de toutes les conjonctures pour les augmenter. Ces officiers harcelaient sans cesse la féodalité. Ils allaient souvent plus loin que leur mission, plus vite que la royauté. Celle-ci fut quelquefois obligée de lès arrêter dans leurs entreprises, crainte de mécontentemens et de révoltes (8).

L'érection des bailliages eut un autre effet. Les fonctions judiciaires, qui avaient jusque là dépendu du territoire, en furent séparées. Les offices devinrent ce qu'ils avaient été sous la première race, personnels et révocables. Les esprits s'accoutumant peu à peu à cette distinction, on ne fut pas étonné de voir sous saint Louis, de simples subdélégués dans les assemblées de barons, et après lui un grand corps judiciaire, à qui toutes les contestations revinrent, de qui toutes les justices dépendirent, qui fut composé d'hommes nouveaux, et qui remplaça les anciens parlemens.

Les justices ne subirent pas seules des atteintes. Les guerres privées furent limitées à leur tour. Déjà la France entière avait conclu une paix générale de sept ans (9) pour réparer ses épuisemens. Mais ce remède n'avait été que momentané: la suspension des guerres avait interrompu les désordres sans pouvoir les détruire; on imagina alors un autre moyen. On restreignit les guerres à certains jours de la semaine (10). Les désordres furent moins grands, mais ils continuèrent toujours, ce qui donna lieu à une confédération (11) contre ceux qui se livraient à des hostilités. Déclarer la guerre à la guerre était un fort mauvais moyen. Les membres de la confrérie de Dieu

combattirent d'abord ceux contre lesquels ils s'é-
taient ligués, et bientôt ils se combattirent les uns
les autres.

Après divers essais, une nouvelle tentative fut
plus heureuse. La jurisprudence des *assuremens* (12) plaça ceux qui avaient intérêt à la
guerre sous la dépendance de ceux qui avaient
intérêt à la paix. L'assurement était la citation
de son ennemi devant le suzerain commun, qui
le forçait à promettre et à garder la paix, sous
peine de provoquer sa vengeance, et d'encourir
la confiscation de son fief.

Ainsi tout concourait à l'ordre, tout remontait vers la royauté. Celle-ci, devenue plus puissante par ses domaines, ses troupes, ses richesses, ses communes et ses baillis, devait désormais marcher rapidement à ses fins. Elle avait
déjà la conviction de sa puissance. Jusqu'à Philippe-Auguste, les rois avaient fait sacrer leurs
fils de leur vivant, pour prévenir les factions
et empêcher le changement de dynastie. Philippe-Auguste fut assez fort pour renoncer à cette
précaution, et ses successeurs suivirent son exemple (13).

CHAPITRE XII.

État de la France à l'avénement de saint Louis.

Lorsque les sauvages de la mer du Sud veulent élever un monument, chacun d'eux en passant, y laisse une pierre ; ainsi firent les rois de la troisième race pour la construction de la royauté. Depuis Hugues Capet jusqu'à saint Louis, chaque roi laissa une pierre, et la royauté fut réparée. Nous venons de voir ce qui avait été fait pour cet importante restauration, voyons ce qui restait à faire et comment saint Louis l'acheva.

Le régime féodal existait toujours, mais plus resserré et moins fort. Les communes l'avaient limité d'un côté, les bailliages de l'autre ; les assuremens avaient affaibli les guerres privées ; et les appels, les souverainetés particulières. Mais l'état était toujours composé de membres désunis ; les seigneurs voulaient rester indépendans, et les rois devenir les maîtres ; les appels étaient illusoires, à cause du combat judiciaire ; les assuremens inutiles, parce que les guerres commen-

çaient avant qu'ils fussent obtenus; les baillis
étaient aussi corrompus, aussi iniques que les
seigneurs; les communes étaient à l'abri de la
féodalité, mais elles étaient hors de l'état.

Il fallait un prince qui réunît ces parties sans
accord, et les fît aboutir à la royauté comme à
un centre; qui rendît les appels praticables par
l'abolition du combat; les assuremens possibles
par un délai dans le droit de vengeance; qui ré-
formât les baillis, constituât l'Église, soumît les
grands, admît à toutes les charges les hommes
nouveaux; qui eût pour titre de sa mission sa
droiture et son génie; qui sût corriger les institutions en paraissant réprimer les désordres, et
changer son siècle en respectant ses préjugés; en
un mot, un prince qui mît de l'ensemble dans
les lois, de l'union entre les personnes; qui don-
nât à la langue nationale un caractère public; qui
imprimât une nouvelle direction aux justices,
aux parlemens, aux communes : ce prince fut
saint Louis.

FIN DE LA PREMIÈRE PARTIE.

SECONDE PARTIE.

CHAPITRE PREMIER.

Saint Louis.

Montesquieu a dit de César qu'il avait beaucoup de vices sans aucun défaut; on peut dire de saint Louis qu'il n'avait ni défauts ni vices. Je ne sais comment parler dignement de lui, comment le faire connaître tel qu'il est, et dire toutes les choses dont je suis plein. Parmi les chefs des nations, j'en cherche un qui puisse lui être comparé, qui ait été aussi grand, aussi vertueux, aussi héroïque, et en même temps aussi bon, aussi simple, aussi juste, et je n'en trouve point. Ni Titus, ni les Antonins, ni les autres que l'Histoire admire, ne sauraient être mis à côté de lui. Ils ont pu dire de plus grandes choses, mais non en faire; ils ont pu avoir des traits plus éclatans, mais ils n'ont pas été, comme lui, constamment supérieurs aux faiblesses humaines, dans chaque instant, pour chaque action de la vie, et à travers toutes les fortunes. Je dis, sans craindre d'être injuste, qu'aucun roi n'a été aussi parfait, et sans craindre de blasphémer, que je ne me fais pas une autre idée d'un dieu gouvernant les hommes.

Ce prince, si extraordinaire pour l'humanité, mais plus encore pour son époque, vit un siècle inique et ombrageux en admiration devant sa vertu, et en sécurité sur ses entreprises. Des barbares ses vainqueurs furent à ses pieds; des papes et des empereurs; un roi et ses barons; deux grandes églises, celle d'Orient et celle d'Occident, le prirent pour arbitre de leurs droits et de leurs différens. La France déchirée, désunie, livrée à tous les désordres, vit dans lui son sauveur et son législateur. Prince de paix et de justice, comme l'appellent ses contemporains, infatigable dans ses travaux, insouciant pour les périls, juste envers tous, et contre lui-même, héroïque au milieu des batailles et dans les fers, admiré, aimé, pleuré de tous, il est le modèle le plus accompli de l'homme, du guerrier, du monarque. Il n'est personne qui ne soit saisi

d'attendrissement au souvenir de son amour
pour l'humanité, de son respect pour les droits
de chacun, de sa compassion pour le malheur,
de sa bienfaisance envers les pauvres, et de son
humilité devant Dieu ; et qui ne soit vivement
touché de ses naïves amitiés, de ses royales dis-
tractions (1).

Saint Louis parut destiné de bonne heure à de
grandes choses. Roi à douze ans, il essuya diverses révoltes qu'il sut comprimer. Il fit plus
que triompher de ses vassaux ; il gagna leur affection, et leur accord mutuel fut son ouvrage (2). Il termina ainsi cette longue guerre
des Albigeois, qui avait coûté tant de crimes et
de malheurs. Son domaine s'agrandit, sa puissance se fortifia. Nombre de terres et de villes,
deux vastes sénéchaussées, lui furent acquises ; et
il mit sous sa propre main une multitude de
fiefs qui ne relevaient pas directement de lui (3).
Arrivé là, il travailla à maintenir son ouvrage :
deux choses étaient d'une haute importance,
les rapports établis par les mariages entre les
grands vasssaux, et les doubles vasselages envers
le roi et un prince étranger ; il dirigea le s uns (4)

et proscrivit les autres (5); et dès ce moment il put à son gré augmenter ou affaiblir la puissance des familles, et mettre fin aux complots de ces feudataires de Normandie et de Flandre, qui se liguaient si fréquemment avec l'Angleterre et l'Empire, contre la France. Après avoir raffermi l'état contre l'étranger, et le trône contre les vassaux, il régla les droits des divers ordres du royaume; il garantit la noblesse des tentatives du clergé; le clergé des tentatives de Rome, et protégea les communes contre la noblesse et le clergé. Des puissances voisines sollicitèrent sa médiation. Il se déclara pour un excommunié contre un pape; il refusa une couronne; et après avoir mis la France en paix, et fait tous ses efforts pour calmer les discordes de l'Italie, de l'Angleterre, et de l'Empire, il alla en Orient défendre l'Europe contre les barbares qui la menaçaient. Il faillit changer le sort de la vieille Egypte, tant ses exploits furent rapides; mais une témérité les arrêta. Vaincu, prisonnier, délivré, il releva les citadelles de la Palestine, et fortifia la chrétienté de ses exemples, et de l'étonnement qu'il inspira à ses ennemis. De retour en France, il continua sa grande œuvre. Il entretint l'harmonie dans l'état, et la paix entre les feudataires ; de toutes parts on vint réclamer sa justice (6) dans ses tribunaux ; il soumit à l'hommage-lige le roi d'Angleterre (7), et il donna ainsi une grande leçon à ses vassaux. Enfin, autorisé par la confiance du royaume, il opéra de plus grandes réformes ; sa seule volonté maintenait l'ordre dans l'état, mais cette volonté n'avait qu'un temps, il voulut la rendre durable par ses lois. Il ne précipita rien cependant pour ne pas indisposer son siècle. En 1245 (8), il restreignit dans ses domaines les guerres privées ; en 1257 (9) il les supprima. En 1260 (10) il fit une ordonnance contre les combats judiciaires ; en 1270 (11) il remplaça cette jurisprudence par celle des témoignages ; en 1265 (12) il fixa les monnaies ; enfin en 1270 (13) il donna un code complet, sous le nom d'*Etablissemens*. Après avoir fait le bonheur de la France par son gouvernement, il voulut le faire encore par ses institutions. Il partit ensuite une seconde fois pour la Palestine : son voyage ne fut pas long, il mourut en route sur les côtes d'Afrique, recommandant le royaume à son fils (14).

CHAPITRE II.

Abolition du combat judiciaire , et ses conséquences.

De toutes les réformes opérées par saint Louis, l'abolition du combat judiciaire fut la plus importante, et conduisit à toutes les autres. Commençons par celle-là.

J'ai parlé ailleurs des formes du duel et des cas où il était employé. On se souvient qu'il avait envahi tous les tribunaux, qu'il décidait toutes les contestations, Parties, témoins, juges, étaient également appelés en champ clos, et selon l'événement de la bataille, la cause était bonne, le témoignage vrai, le jugement équitable. Une pareille jurisprudence, dangereuse pour tous, devait être changée avec l'approbation de tous.

Saint Louis la remplaça dans ses domaines, et la restreignit dans les terres de ses vassaux par la jurisprudence des témoignages (1). Cette réforme dont les conséquences s'étendirent à tout, rendit

la justice à sa première intention, multiplia les
affaires portées devant les tribunaux, diminua
les guerres privées, permit les appels, créa de
nouvelles formes, qui, exigeant plus d'examen
et de lumière de la part des juges, firent bientôt remplacer dans les bailliages et les parlemens,
les nobles et les barons par des légistes. Faisons
connaître ces divers résultats.

La nouvelle manière de procéder (2) devant
les tribunaux fut d'une grande sagesse; elle comprit tous les moyens d'arrêter une contestation
ou de la décider justement. Avant d'amener
leurs témoins, les parties étaient obligées de se
présenter elles-mêmes devant le juge, qui ne
leur permettait de continuer les poursuites qu'a-
près avoir vainement employé toutes les voies
de conciliation; alors seulement l'affaire était
entamée. L'information était conduite avec les
précautions les plus sages; les parties juraient
qu'elles croyaient à la justice de leurs droits,
qu'elles n'emploiraient ni fraude ni corruption.
Les témoins, entendus de part et d'autre, devaient
attester leur sincérité par le serment. Il fut permis de les repousser à l'aide de récusations mo-

tivées, ou de faire entendre contre eux d'autres témoins pour prouver la fausseté de leurs dépositions. On accorda des délais convenables pour les poursuites, pour les preuves et pour les récusations. Tout cela se fit devant le même tribunal, qui fut à la fois chargé de concilier les parties, d'instruire l'affaire, et de prononcer la sentence.

Dans tous les cas où le duel avait été précédemment employé, les témoignages furent admis (3). Ses formes plus rassurantes engagèrent les parties à se présenter devant les juges ; elles purent faire valoir leurs droits, sans craindre pour leur vie. La jurisprudence des titres et des témoignages, générale dans les domaines royaux, s'étendit peu à peu à toutes les baronies. Le serment que le combat judiciaire avait fait proscrire, reparut comme les autres preuves, à la suite des témoignages, et pour leur servir de supplément (4). Lorsqu'une contestation s'éleva entre deux personnes, et que l'une d'elles ne put pas prouver sa demande par des chartes et par des témoins, elle déféra le serment à l'autre. Avant le nouvel ordre de choses, on l'eût appelée en champ clos, et la bataille eût décidé. Le recours au témoignage et au serment fut général à une époque où la rareté des titres les rendit presque seuls propres à prouver l'état et les droits des personnes.

Mais en revenant aux témoignages, il fallait éviter les abus qui les avaient fait proscrire sous les deux premières races, le seul moyen était de placer les témoins hors de la vue des parties, pour mettre leur déposition à l'abri de toute influence. Alors, sans crainte, sans affection, n'ayant devant eux ni amis ni ennemis, ils devaient ne penser qu'à la sainteté du serment, et aux droits de la vérité. Leurs déclarations étaient ensuite transmises aux parties. Par là, tout était concilié, et les intérêts privés, et ceux de la justice. De nos temps, une pareille précaution serait superflue, alors, elle était indispensable. Aujourd'hui, c'est la société qui demande la vérité aux témoins, aussi ils ne déposent dans le sens de personne, au lieu qu'autrefois ils déposaient dans le sens de celui qui les avait cités.

Ce nouveau mode était contraire à l'ancien. Lorsque le témoignage pouvait amener le combat, il était dans l'ordre que le témoin s'expliquât devant la partie. Le duel étant la suite du désaccord, pour que la contradiction fût possible, il fallait que le témoin et la partie fussent en présence; au lieu qu'avec la nouvelle procédure, comme la partie ne répondait pas au témoignage par le combat, mais par un autre témoignage il était indifférent qu'elle fût instruite sur-le-champ ou plus tard, pourvu qu'elle le fût.

L'abolition du combat rendit nécessaire la représentation des parties par un avoué, et leur défense par un avocat. Auparavant la représentation n'était pas possible, parce que la partie seule pouvait donner un démenti et demander la bataille. La défense ne l'était pas non plus, parce qu'il ne s'agissait pas de discuter des droits, mais de les décider par les armes. Ainsi les procureurs et les avocats vinrent à la suite d'une législation qui rendit nécessaires certains actes que les parties ne surent pas faire, et une discussion qu'elles ne purent pas fournir. Ils ne furent pas d'abord ce qu'ils furent plus tard. Une chose qui commence ne peut pas atteindre son complément dès son début, mais c'est aux ré-

formes de saint Louis qu'ils durent leur existence
et leur avenir. Le nouvel ordre de choses com-
pliqua peu à peu les actions judiciaires; les
procureurs, de momentanés, devinrent perma-
nens: on avait pu les choisir d'abord partout, il
ne fut plus permis de les choisir que dans un
nombre limité de personnes. La procédure étant
de jour en jour plus difficile, elle exigea de la
pratique et fut dès-lors un métier.

Outre ces divers résultats, l'abolition du duel
réprima les animosités particulières, mit des
bornes aux guerres privées en ramenant les contestations à des tribunaux qui les jugèrent désormais avec équité; mais une révolution plus
grande encore fut celle des appels. Elle fit pour
l'ordre général ce que la jurisprudence des témoignages fit pour l'ordre particulier. Toutes
les décisions furent soumises à la royauté, qui,
par ce moyen, répara toutes les injustices, ré-
duisit toutes les usurpations, et ramena à elle
toutes les souverainetés. Voyons comment cela
se fit.

CHAPITRE III.

Des appels

L'APPEL avait existé sous les deux premières races, il n'était point, comme de nos jours, le recours à de nouvelles lumières, mais à une puissance plus forte. Maintenant, arrivé à un certain degré, il s'arrête; alors, il ne s'arrêtait qu'après les avoir épuisés tous. On allait du vicaire au comte, du comte à l'envoyé royal, de l'envoyé royal au roi. C'étaient quatre jugemens au lieu de deux; le nombre des appels était pour chacun en raison du nombre de ses supérieurs. Le roi étant la plus haute puissance de l'état, en était le juge définitif. Ce mode d'appels qui disparut pendant le régime des fiefs, se maintint dans les tribunaux ecclésiastiques. Là, les juridictions ne s'isolèrent point, et l'on y conserva le principe qui faisait aller d'une puissance à l'autre, jusqu'à ce qu'on n'en trouvât plus. On remonta de degré en degré jusqu'au pape, comme on remontait de justicier en justicier jusqu'au roi (1).

Pendant le règne du combat judiciaire, l'appel était illusoire. On pouvait, il est vrai, attaquer les sentences des juges, mais on ne recourait point à un tribunal supérieur ; ou l'on attaquait la sentence sans attaquer le juge, et il y avait lieu à révision, ou l'on attaquait la sentence et le juge, et il y avait lieu à bataille. Dans la langue d'alors, la première de ces attaques était sans *vilain cas*, et la seconde avec *vilain cas* (2) ; mais de manière ou d'autre, la révision et la bataille se pratiquaient dans la même cour et devant le même seigneur. Seulement lorsqu'il s'agissait de la révision, on appelait d'autres juges, et lorsqu'il s'agissait de la bataille, on les faisait combattre ; mais comme on n'attaquait guère sans vilain cas, on ne *faussait* pas sans combattre. Les parties se faisaient ainsi juges du jugement, et le sort de l'appel était confié aux armes.

Saint Louis, en abolissant le combat, prescrivit de *fausser* (3) dans les cours des barons. Comme *fausser* était un acte de félonie, cet acte enlevait la partie à la juridiction du seigneur. Par là, tout à-la-fois, on refusait le jugement et on reniait le juge. La cause était dès-lors portée au tribunal supérieur. Demander la réforme sans *fausser*, était refuser la sentence, mais ne pas refuser le juge ; On était mécontent de la décision sans l'être du seigneur, et on le chargeait lui-même de la révision. Si Louis IX eût permis qu'on demandât la réforme sans *fausser*, c'est-à-dire sans décliner la justice, la hiérarchie des tribunaux ne se fût pas rétablie. Ainsi, en détruisant le combat, il créa l'appel ; en ordonnant de fausser, il renoua les juridictions. Les parties eurent la faculté de se pourvoir contre une sentence et celle de recourir à un nouveau tribunal. L'appel devint général ; on *faussa* les jugemens des barons et des baillis, comme ceux des prévôts et des vavasseurs (4). On se pourvut contre les prévôts et les vavasseurs devant les baillis et les barons, et contre ceux-ci devant le roi, à qui on en appela comme étant le supérieur des baillis et le suzerain des barons. Le bénéfice du double jugement fut accordé à la cour même du monarque (5). Comme il ne relevait de personne, on en appela de lui à lui ; mais pour ménager la

8.

susceptibilité royale, le nom d'appel fut supprimé. Le pourvoi se nomma supplication, et l'annulation amendement : les noms changèrent, et les choses furent les mêmes.

CHAPITRE IV.

Quelques règles propres aux appels.

Les appels étaient dirigés contre les juges et non contre les parties (1). Une pareille pratique, qui semble bizarre, est néanmoins motivée. La justice, comme nous l'avons dit, était dans ces temps, non un devoir de la société, mais une protection particulière. On payait cette protection, car elle était onéreuse pour celui qui la devait et qui était obligé, pour la rendre, d'assembler ses hommes et d'y consacrer son temps. Cela admis, si le protecteur ne protégeait pas, ou protégeait mal, c'est-à-dire s'il refusait la justice ou la rendait mauvaise, on s'adressait à son suzerain, et si la plainte était légitime, elle dispensait de lui payer son jugement, et le forçait lui-même à payer le jugement de la cour supérieure (2). Il ne convenait pas que la partie payât les frais d'une décision injuste, ni ceux d'une réclamation motivée. Voilà pourquoi le juge répondait de sa sentence (3); voilà pourquoi il était obligé de se rendre au plaid du supérieur (4); voilà pourquoi enfin tous ceux qui avaient contribué au jugement devaient se trouver à sa prononciation (5).

Il est nécessaire de dire comment les jugemens se rendaient, afin d'expliquer quelques particularités de ces temps. Le seigneur formait sa cour des hommes de son fief. Ceux-ci jugeaient seuls (6) la partie en qualité de ses pairs. Le seigneur se bornait à les présider, ne devant pas être juge de ses inférieurs, mais bien de ses égaux, ce qui arrivait lorsqu'il était convoqué par son suzerain. Néanmoins, dans certaines rencontres, le seigneur n'ayant pas assez de vassaux pour former sa cour et porter un jugement, il était obligé, sous peine de perdre sa justice, de se faire prêter des juges (7). Mais ceux-ci, pour n'être pas exposés aux suites d'un jugement qu'ils

ne devaient point., ne prononçaient pas la sentence (8). Le seigneur la rendait lui-même. Dans
le premier cas, l'appel était dirigé contre les juges
et non contre le seigneur (9). Celui-ci était considéré comme étranger au jugement, et il ne
courait pas les risques de l'appel; les juges seuls
étaient comdamnés aux frais, s'il y avait lieu, et
ces frais se partageaient à-la-fois entre le seigneur
et le juge de l'appel (10). Ainsi autre chose était la
cour, et autre chose était le jugement. Si l'appel
n'était pas juste, l'appelant payait à-la-fois les frais
au seigneur pour sa cour, à ses pairs pour le
jugement, et au suzerain pour sa révision. Mais
lorsque le seigneur prononçait lui-même, il était
responsable de sa décision, et les frais n'étaient
pas payés par les juges, mais par lui (11).

Les amendes étaient fixées (12). Dans une seule
circonstance elles étaient arbitraires. Lorsque le
vassal appelait injustement de *défaute de droit*
contre son seigneur, la valeur de l'amende était
à la volonté de celui-ci (13). La raison en est
simple : en l'accusant sans motif de déni de
justice devant une autre cour, il se rendait coupable de félonie; le seigneur pouvait l'amender

jusqu'à concurrence du prix de son fief, puisqu'il aurait pu le reprendre en entier. Les Gaulois payèrent soixante mille livres au comte de Flandres pour l'avoir il légalement appelé de *défaute de droit* (14).

Dans les cas d'appel, la partie qui avait gagné en première instance, était étrangère aux frais (15), parce qu'elle devenait étrangère au débat. Dans la suite, lorsque la justice, tenant à l'organisation générale des pouvoirs, eut reçu du gouvernement ce qui était nécessaire au soutien de ses membres et à sa dignité comme corps, toutes ces choses changèrent : les amendes ne furent plus pour les juges, mais pour l'état; et les dépens et les appels n'eurent plus lieu qu'entre les parties (16).

CHAPITRE V.

Des Parlemens.

Nous avons montré dans les chapitres précédens l'effet des témoignages sur la nouvelle jurisprudence. Il nous reste à indiquer l'influence de la procédure et des appels sur la constitution de l'état. La nouvelle direction qu'ils imprimèrent aux parlemens et à la puissance législative, changea peu à peu la monarchie féodale en monarchie absolue.

Les parlemens furent jusqu'à saint Louis des assemblées de barons, qui siégeaient ou comme pairs, ou comme législateurs, ou comme souverains. Le jugement d'un vassal les faisait convoquer comme pairs; une coutume à abroger ou à établir les faisait convoquer comme législateurs; un traité à souscrire ou une guerre à déclarer les faisait convoquer comme souverains. Ainsi les parlemens étaient tour à tour des cours judiciaires, des corps législatifs, ou des congrés diplomatiques. Réunis quelquefois pour juger, plus rarement pour porter une loi, ils l'étaient d'ordinaire pour régler les expéditions et les alliances. C'est sous ce dernier rapport, beaucoup plus que sous les autres, que figurent les parlemens féodaux. Dans une époque d'insubordination, il y avait peu de jugemens à prononcer; dans une époque de coutume, peu de lois à faire, mais les relations politiques amenaient des conférences d'autant plus nombreuses qu'il y avait plus d'intérêts opposés et plus de volontés souveraines.

Telle avait été jusque là la destination de ces grands corps. Sous Louis IX ils perdirent leur caractère diplomatique et législatif, et accrurent leur importance judiciaire. Ce prince changea leur nature en changeant leurs fonctions, et en introduisant dans leur sein de nouveaux membres. Il ne réfit pas les pièces de la monarchie, mais il leur donna un nouvel arrangement. Peut-être ne vit-il pas où conduisaient ses innovations, car il est rare qu'on aperçoive dans une chose plus qu'il n'y a au moment où on l'a créée. Les témoignages et les appels ne furent établis que comme appels et témoignages, et ils forcèrent le reste.

Avant d'examiner ce que devinrent les parlemens, comme cour judiciaire, voyons comment ils étaient composés à l'avénement de saint Louis. La loi féodale voulait que chacun fût jugé par son égal, et que les égaux fussent présidés par leur supérieur. Les vassaux immédiats de la royauté étaient de deux espèces, comme relevant les uns de la couronne, et les autres du duché de France. Les premiers étaient en petit nombre, à cause de la grande étendue de leurs fiefs ; leur puissance égalait presque celle des rois. Ces vassaux auraient dû se juger eux-mêmes, et ne point reconnaître pour juges les vassaux du duché de France. C'est ce qui arriva au commencement de la race Capétienne, et ce qui donna naissance aux douze pairs. Mais les barons du duché de France entrèrent peu à peu dans les mêmes cours que les grands feudataires, parce que, leurs inférieurs en puissance, ils étaient leurs égaux en vassalité. L'accroissement de l'autorité royale confondit les uns et les autres, ce qui affaiblit les premiers en les mettant à la merci des seconds. Ils ne le souffrirent pas sans réclamations, mais ils finirent par s'y soumettre, car entre deux puissances qui contestent, c'est toujours la plus forte et la plus obstinée qui l'emporte. Il y a plus : les rois, après avoir admis dans leurs cours leurs vassaux inférieurs, y admirent aussi leurs officiers, en sorte que les grands barons eurent pour juges, non-seulement de petits barons, mais encore de simples domestiques de la royauté (1). Tel était l'état du parlement comme cour judiciaire, lorsque saint Louis établit sa jurisprudence. — A cette époque il s'opéra un changement remarquable dans l'organisation parlementaire. La procédure nouvelle créa des formes plus compliquées que les anciennes; il fallut examiner les titres, discuter les témoignages, reviser les jugemens, approfondir les lois. Ainsi, par la difficulté et la multiplicité des causes, il devint nécessaire d'introduire dans les parlemens, des hommes qui sussent lire et fussent capables d'examen. Ces hommes ne pouvaient pas être des feudataires : les lettres étaient pour eux une dérogeance et l'examen un ennui. Ils connaissaient les coutumes féodales, et non les nouvelles lois. Il fallut recourir dès lors aux ecclésiastiques et aux hommes des communes, qui seuls s'appliquaient à l'étude du droit et des lettres dans les universités. Admis dans les parlemens sous le nom de légistes, ils y parurent d'abord comme simples rapporteurs; ils y firent ce que les autres ne pouvaient pas faire, ils examinèrent pour les barons qui ne savaient que voter. Mais en préparant les affaires,

ils dictaient les jugemens. Ils n'obtinrent pas
d'abord les priviléges des barons, parce qu'ils
n'étaient ni pairs ni souverains, mais les fonctions quittent ceux qui les négligent, et vont à
ceux qui les exercent. Les barons ne remplis-
sant qu'un rôle passif, se lassèrent bientôt de
n'être que les prête-noms des légistes, et leur
résignèrent à la fin toutes les fonctions judiciaires. De là ce grand changement qui fit des parlemens féodaux des parlemens royaux, et établit
peu a peu un grand corps intermédiaire dans
l'état, qui servit de protecteur au peuple, et de
modérateur à la royauté. Saint Louis est l'auteur
de cette grande révolution. Je vois sous lui de
simples doyens ecclésiastiques et des docteurs
plébéiens paraître dans le parlement tenu à la
Chandeleur, en 1260, et dans celui qui fixa, en
1270, le code général de la nation (2).

Ceux qui n'ont pas remarqué cette substitu-
tion graduelle des juristes aux barons, ont pensé
que les nouveaux parlemens n'étaient pas la
continuation des anciens; ils y ont vu d'autres
hommes et d'autres attributions, et ils en ont
conclu que ces parlemens étaient de date nou-

velle. D'autres, au contraire, ont vu dans ces corps judiciaires les héritiers des anciennes assemblées franques, et ont fait remonter le parlement jusqu'à l'origine de la monarchie. Ces deux opinions ne sont pas fondées. Les Champs-de-Mars et les Champs-de-Mai des deux premières races ne peuvent pas avoir donné naissance à un corps judiciaire, et ce corps ne peut pas non plus avoir été créé d'un seul coup, sans que sa date ait été constatée par les lois, ni mentionnée par les auteurs contemporains. L'ordonnance de Philippe-le-Bel, qui le rend sédentaire (3), ne peut être considérée comme l'ayant créé ; une modification n'est point un établissement. La transition de l'ancienne à la nouvelle tenue parlementaire se déclara sous saint Louis. A cette époque commença le règne des juristes ; leur importance alla depuis en augmentant. Comme simples rapporteurs , ils n'étaient que temporaires, à chaque convocation ils étaient choisis par les rois. Cela devait être ; n'étant pas grands feudataires, ils n'étaient pas de droit membres du parlement, de temporaires ils devinrent inamovibles , de rapporteurs ils devinrent juges, et cela devait être encore. Ils exerçaient des fonctions qui de jour en jour devenaient plus compliquées, et pour lesquelles l'aptitude avait besoin de temps. Plus souvent ils étaient nommés, plus ils se montraient capables; et comme la royauté ne pouvait pas craindre des hommes qui n'étaient rien que par elle, elle les perpétua pour qu'ils fissent mieux ce qu'ils avaient à faire. Les anciens parlemens n'avaient ni époque ni lieu fixes pour leurs séances. Suivant les besoins, ils étaient convoqués; suivant le lieu où se trouvaient le roi, ils siégeaient. Mais le parlement devenant un tribunal, et les procès se multipliant sans cesse, il fallut d'abord le réunir à des époques fixes, et dans la suite le tenir toujours assemblé. En outre, jugeant des affaires simples, ne s'occupant plus des matières législatives ni des relations souveraines, il n'eut plus besoin d'être présidé par le roi, ni par conséquent d'être à la suite du roi. Dès lors il devint sédentaire, et bientôt après perpétuel; sa permanence fut due à la multiplicité des affaires, et la stabilité de son siège résulta de ses nouvelles fonctions (4).

Deux choses viennent encore à l'appui de l'opinion que nous avons émise, la transformation du parlement en chambre des pairs dans quelques circonstances, et le droit d'enregistrement.

Les barons s'étaient retirés, parce qu'ils avaient à juger, non leurs pairs, mais leurs inférieurs; non des causes féodales, mais des causes civiles. Mais leur retraite du parlement n'était point une expulsion, et s'ils n'usaient point de leur droit dans les cas ordinaires; c'était sans préjudice des cas féodaux. L'accusation d'un grand vassal occasionnait leur rentrée dans le parlement. Le jugement se faisait avec l'ancienne solennité et sous la présidence du roi. Jusqu'au dernier siècle, les pairs ecclésiastiques et les pairs laïques ont joui de ce privilége. Cela était devenu une affaire de forme depuis que la royauté, après avoir aboli les grandes baronies, avait conféré à ses serviteurs le titre de pairs, sans leur en donner la puissance; mais cette forme n'en indiquait pas moins l'origine de l'usage.

Le droit d'enregistrement tenait à la souveraineté des anciens parlemens. La royauté, qui était obligée de consulter les premiers, consulta les seconds par habitude : ce qui avait été de nécessité devint de pure complaisance. Les monarques ne pouvaient pas passer outre avec l'opposition des anciens parlemens, parce que cette opposition avait derrière elle la puissance ; au lieu qu'ils purent passer outre malgré les remontrances des nouveaux, parce que leur opposition ne s'appuyait sur rien, et qu'ils manquaient de force pour empêcher ce qu'ils ne voulaient pas permettre.

Les parlemens exerçant la justice du roi, et la justice n'étant point alors séparée des autres pouvoirs, ce fut sur eux que roula en grande partie l'administration de l'état. Cette confusion s'explique facilement. La société n'est bien organisée que lorsqu'elle est bien connue ; elle n'est bien connue que lorsqu'on a défini tous les droits et classé tous les pouvoirs. Dans le moyen âge cela n'était pas possible. La souveraineté capétienne, comme toutes les souverainetés féodales, avait été fondée sur la force, et non sur l'accord. Ses pouvoirs étaient une propriété aussi bien que ses domaines. Comme elle ne pouvait

ni cultiver ses domaines, ni exercer ses pouvoirs,
elle faisait exploiter et les uns et les autres. La
nation était mise à ferme, aussi bien que le territoire. Tout cela découlait du droit de propriété.
A mesure que la souveraineté des Capétiens s'é-
tendit aux dépens des autres souverainetés, le
nombre de ses exploitans augmenta. Ainsi furent
créés successivement, et dans ce but, les prévôts,
les baillis et les nouveaux parlemens. A la différence des anciens, ceux-ci furent composés de
membres qui y vinrent, non de droit, mais du
choix de la royauté, et qui n'y furent pas pour
la limiter, mais pour la servir. Sous ce point
de vue, le parlement administra, au nom du roi,
tout ce qui arrivait à lui de toutes les parties du
royaume.

Ce que je viens de dire est le seul moyen d'expliquer pourquoi tant de matières différentes
étaient régies par le parlement. Délégué général
de la royauté, il examinait à la fois les demandes
qui lui étaient adressées, ce qui était de pure
administration ; les comptes qui lui étaient ren-
dus, ce qui était de pure finance ; les causes
qui lui revenaient en première et en dernière

instance, ce qui était de judicature. Dans tous ces cas le parlement exerçait pour la royauté et à sa décharge.

On voit par là que, quoique sortis des anciens parlemens, les nouveaux étaient d'une autre nature. Les anciens étaient là pour leur compte, et les nouveaux pour le compte d'autrui ; les anciens existaient en vertu de leur souveraineté, et ceux-ci en vertu d'un mandat.

J'ai tâché d'apprécier cette grande réforme, et de l'accorder à qui l'a faite. Comme tous les changemens qui ne s'opèrent pas violemment, elle s'est accomplie peu à peu. L'essentiel était de déposer le germe, et de l'abandonner au temps. Lorsque l'avenir est la suite inévitable du présent, celui qui fait le présent fait l'avenir.

Dans une autre époque, ce que je viens de dire sur les parlemens eût excité les réclamations de leurs partisans, à cause de la puissance que je leur refuse, et de leurs adversaires, à cause de l'origine que je leur accorde. Les uns voulaient en faire les restes de nos anciennes assemblées nationales, et les autres voulaient qu'ils eussent été tirés du néant par une parole de la royauté.

Aujourd'hui les parlemens ne sont plus, et avec eux ont disparu d'orgueilleuses animosités et d'inutiles disputes, Je dis hardiment ce qui a été, parce que je n'attache aucune importance à ce qui n'est plus. D'ailleurs, nos institutions anciennes n'ont aucune relation avec nos institutions nouvelles; pas plus les parlemens avec nos cours judiciaires, que les états généraux avec nos asemblées législatives. La monarchie du régime passé est partie d'un principe, et celle du régime actuel part d'un autre: ce principe a été pour l'un le fait, et pour l'autre le droit. Pendant quatorze siècles, la force a dominé seule. Cette force a été tantôt aux grands, tantôt aux rois. Elle a donné d'abord la supériorité aux Francs, puis la souveraineté aux vassaux, puis enfin la puissance absolue à la royauté. Tout ce qui s'est fait s'est fait en son nom; elle a changé les hommes et les droits en propriété. Si l'on a cédé des priviléges aux communes, c'est moins comme une chose due que comme une chose achetée; si les barons ont été dépouillés, c'est parce qu'ils étaient faibles; si les communes ont été désorganisées, c'est qu'elles n'ont pas su se garder; si les états-généraux ont été suspendus, c'est qu'ils n'ont pu se maintenir; si les parlemens ont été exilés, c'est qu'ils se mêlaient d'avoir du courage sans avoir de la puissance; si Louis XIV a dit : « L'état c'est moi, » c'est qu'il était tout.

A la révolution, la force s'est déplacée, et elle est allée du roi au peuple. Ce grand débat, pendant lequel ceux qui possédaient la puissance voulaient la garder, et ceux qui ne l'avaient pas voulaient l'obtenir, a poussé les idées du fait au droit. Dans la lutte, les vainqueurs, c'est-à-dire les plus forts, s'accordaient tout. Devenus vaincus, c'est-à-dire plus faibles, on leur refusait tout. L'instabilité des événemens a fait comprendre que les droits ne tenaient pas aux succès, et que la paix ne pouvait naître que de l'accord des intérêts, c'est-à-dire de leur satisfaction. L'état actuel est une composition à l'amiable; c'est le commencement du règne du droit, ce n'est point encore sa perfection. Les pouvoirs se classent, leur exercice se modère; mais la séparation n'est pas encore bien établie, ni la modération bien assurée. Il faut du temps en toutes choses. Ce système commence à peine, mais il porte en lui son perfectionnement et sa durée.

~~~~~~

CHAPITRE VI.

De la puissance législative.

C'EST sous Louis IX que la puissance législative fut séparée de la puissance judiciaire, les nounouvelles institutions produisirent ce grand résultat.

Pendant que le système féodal était en force , tous les barons étaient souverains, et chacun d'eux avait la puissance législative. Le roi ne la possédait qu'au même titre et de la même manière, mais d'ordinaire il l'exerçait avec eux. Une mesure adoptée par lui, et à laquelle ses vassaux eussent été obligés de se soumettre sans y avoir consenti, aurait attenté à leur autorité. Pour l'admettre, il fallait qu'ils s'assemblassent, et de là, comme nous l'avons vu, les parlemens législatifs. Les changemens que saint Louis opéra
~~~~~~

dans le personnel des parlemens, rendirent peu à peu le roi dépositaire unique de la puissance suprême. Cette assemblée n'étant plus une réunion de souverains, mais de juristes, elle n'eut plus à porter ni à changer les lois. La consulter cessa d'être indispensable; aussi la royauté laissa aux parlemens les fonctions judiciaires, et garda pour elle les fonctions législatives. Saint Louis hâta par ses innovations civiles ce changement politique. Son caractère y eut autant de part que ses institutions. Ce prince qui ne craignait pas de faire beaucoup parce qu'il faisait bien, et qu'on laissait faire parce qu'on le savait juste, tint la conduite d'un législateur, et en prit le langage (1). Il accoutuma les feudataires à la supériorité royale; aussi ses prédécesseurs, y compris l'altier et le puissant Philippe-Auguste, n'avaient point affecté la domination, tandis que ses successeurs le firent. Les légistes contribuèrent pour leur part à l'accroissement de la prérogative royale. Étrangers à la féodalité, ayant des intérêts contraires aux siens, ils propagèrent de tous leurs efforts le principe de l'obéissance absolue et de l'unité de pouvoir. Ils virent dans le monarque

un successeur à l'empire (2) et non le continuateur de la féodalité. Du temps de Beaumanoir, ils le déclarèrent gardien des coutumes;
sous Bouthillier ils l'en déclarèrent le maître (3).
Depuis lors, les rois transmirent leurs lois comme
un mot d'ordre; ils agirent seuls en vertu de
leur *certaine science*, de leur *pleine puissance* et
de leur *bon plaisir*. S'ils présentèrent quelquefois leurs ordonnances au parlement, ce fut
beaucoup plus pour les faire accepter que pour
les faire examiner. L'enregistrement était une
simple condescendance, et les remontrances de
vaines oppositions. On sait ce qu'il en coûta
d'humiliation à cette grave assemblée, lorsqu'un
roi, le fouet à la main, vint lui apprendre qu'elle
n'était rien.

Ainsi s'opéra cette division qui mit l'autorité
judiciaire d'un côté, et l'autorité législative de
l'autre; division qui fonda la destinée de la
nouvelle monarchie. Il n'exista plus d'autre
pouvoir souverain que le pouvoir royal. Philippe-
le-Bel, en assemblant les divers ordres de l'état,
faillit créer une véritable assemblée législative.
Les états généraux représentant tous les corps

et par conséquent tous les intérêts du royaume,
étaient plus propres que qui que ce fût à mettre
d'accord les besoins et les lois; mais de nouvelle
date et sans permanence, ils furent de courte
durée. D'ailleurs, comme ce n'était point dans
ce but qu'ils avaient été convoqués; comme on
leur demandait des subsides et non des lois,
malgré quelques tentatives pour s'emparer de
la puissance suprême, ils demeurèrent ce que
leur fondateur avait voulu qu'ils fussent, des
assemblées de contribuables. Le droit d'ordonner resta au roi comme au seul survivant de
la féodalité et à l'héritier de tous les souverains.

CHAPITRE VII.

Des cas royaux.

La royauté ne devait point se borner à soumettre les appels, elle devait chercher à les réduire par les cas privilégiés. Les baillis seuls
avaient inquiété les barons sous des prédécesseurs

de saint Louis ; ce prince leur enleva lui-même un grand nombre de leurs prérogatives.

Les baronies qui donnaient le droit de haute justice, et qui dans le principe avaient été étendues, puissantes et peu multipliées, s'étaient affaiblies par leur nombre et par leurs partages (1). Anciennement, les grands vassaux n'étaient que des barons, et l'hommage direct envers la royauté donnait seul ce titre. Sous saint Louis, quiconque avait un marché et un péage dans sa terre l'avait obtenu (2). Ainsi restreints dans leurs domaines, ces premiers vassaux le furent dans leur puissance. Placés, et comme perdus dans de vastes bailliages (3), ils n'eurent ni assez de force ni assez de hardiesse pour résister désormais aux entreprises des officiers royaux. Les cas privilégiés s'établirent et se multiplièrent sans opposition ; voici leur nombre et les maximes auxquelles ils donnèrent lieu sous le règne de saint Louis.

Celui qui, placé sur le territoire d'un baron, se mettait sous la justice du roi, ce qui s'appelait *s'avouer du roi*, avait pour juge le bailli, à moins que le baron ne prouvât qu'il dépendait de lui (4). Dans ce dernier cas encore la procédure commencée devant le juge royal devait être continuée devant le baron, au lieu que si le baron eût été investi de la cause d'un homme qui relevait de la justice royale, celle-ci reprenait ses droits, sans être obligée de les prouver, et recommençait l'affaire sur nouveaux erremens, et cela, parce que le roi est *souverain et nul autre* (5).

Si un vassal se plaignait au roi de son seigneur, celui-ci ne pouvait pas *revendiquer la cour*, c'est-à-dire juger la plainte, par le motif que *nul n'est juge dans sa propre cause* (6).

Tous ceux qui étaient cités par les officiers royaux se trouvèrent obligés de comparaître devant eux, et de se soumettre à leur jugement, si par leur réponse, le procès paraissait entamé (7).

Enfin, tout homme franc, en quelque seigneurie qu'il fût placé, put *s'avouer du roi* et plaider devant ses tribunaux pour ses meubles, ou pour ses affaires personnelles (8), ce qui ne laissa aux seigneurs que les causes territoriales.

Ces diverses innovations enlevèrent aux barons leurs justiciables, tantôt dans certains cas, tantôt dans tous. Elles établirent irrévocablement la suprématie royale, et donnèrent lieu aux maximes que *le roi donne droit à soi et à autrui* (9), *qu'il n'emporte saisine de personne, et que chacun l'emporte de lui* (10) ; *que nul ne peut appeler de son jugement qu'à Dieu* (11) ; enfin, *qu'il est souverain par-dessus tous* (12).

CHAPITRE VIII.

Ordonnance dite Quarantaine-le-roi *contre les guerres privées.*

Plus d'ordre dans l'état, plus de subordination dans les seigneuries devaient diminuer les guerres privées ; mais il importait, après avoir employé les moyens convenables pour les prévenir, de créer une loi qui pût les arrêter pour toujours. Pendant les désordres de la féodalité, on avait essayé de tout, de la paix générale, de la trève, de Dieu, de la confrérie de Dieu, et enfin des assuremens. La première n'avait produit son effet que pendant sa durée ; la seconde que pendant un nombre limité de jours; la troisième était allée contre son but, et les assuremens, rencontrant des oppositions, n'avaient pas pu devenir généraux.

Saint Louis les ordonna dans tous les cas; il obligea les parties à les obtenir et les barons à les exiger (1). Mais il n'eût rien fait s'il se fût borné là. Ceux qui ne voulaient point perdre leur droit de vengeance, l'auraient exercé à la hâte avant qu'on les forçât à y renoncer. Vainement la crainte d'un danger eût conduit quelqu'un devant la justice; avant qu'il eût cité son ennemi pour qu'il accordât l'assurement, les hostilités auraient éclaté. Saint Louis eût prescrit la paix sans pouvoir empêcher la guerre. Que fit-il dès lors? Il établit qu'un intervalle de quarante jours existerait entre l'injure et la vengeance. Par le moyen de cette ordonnance, qui fut appelée la *Quarantaine-le-roi* (2), les ressentimens purent se modérer et les ennemis eurent le temps de se citer devant la justice.

Cette mesure completta la jurisprudence des assuremens en les rendant toujours possibles. Les parties ayant quarante jours pour les demander, les barons étant tenus de les y contraindre, les guerres privées furent arrêtées de toutes parts. Elle n'eurent plus lieu qu'entre de grands vassaux (3), assez puissans pour se refuser à la citation, ou pour violer l'assurement.

Après avoir rendu au pouvoir judiciaire toutes ses attributions, après avoir déterminé l'ordre des instances et la forme des poursuites, saint Louis fixa la législation civile et la législation pénale.

CHAPITRE IX.

Législation civile.

La législation civile comprend les rapports des personnes entre elles, et ceux des propriétés avec les personnes. Sous le gouvernement féodal, la loi civile et la loi politique se touchaient de trop près pour ne pas se confondre : aussi réglaient-elles l'une et l'autre l'état des personnes et des propriétés.

Je ne reviendrai point sur ce que j'ai dit relativement aux fiefs. Mais il importe de faire connaître les différences des minorités, des tutelles, des majorités, des mariages et des douaires, entre la noblesse et la roture, et d'indiquer le mode de partage que les coutumiers suivaient pour tous leurs biens, et les gentilshommes pour leurs acquêts.

La naissance, le mariage, le décès étaient constatés par le baptême, la bénédiction nupptiale et les funérailles. A défaut de registres, on avait recours au témoignage (1) ; les douaires se constituaient et les testamens s'ouvraient à l'église (2).

Le douaire, pour les mariages coutumiers, pouvait embrasser la moitié des biens (3), pour les mariages nobles, le tiers seulement (4). Le coutumier pouvait disposer par testament de la moitié de ses propres et de tous ses acquêts(5), et le gentilhomme, du tiers de ses propres et de tous ses acquêts (6). Voici les motifs de ces différences.

De part et d'autre, il était juste de conserver à la famille une portion de ce qu'on avait reçu d'elle. Cette portion aurait été égale si la nécessité d'assurer le service du fief n'avait restreint les dernières volontés dans la famille noble. Quant aux acquêts, il devait être libre à celui qui ne devait ces biens qu'à lui-même, d'en disposer en entier. S'il n'y avait pas de testament, les propriétés du coutumier étaient également divisées entre les héritiers (7), tandis que parmi celles du noble, les acquêts seuls l'étaient. J'ai dit ailleurs ce qui avait motivé l'inégalité dans les partages féodaux (8).

La minorité du gentilhomme se prolongeait jusqu'à vingt-un ans (9); sa tutelle appartenait au seigneur, c'étaient-là deux conséquences du régime féodal. Le suzerain ayant intérêt à ce que le service du fief se continuât, et à ce que le jeune vassal devint capable de le rendre, obtenait la réunion de l'un, et la garde de l'autre. Cela avait eu des inconvéniens, le mineur manquant de sûreté entre les mains de celui qui était le plus intéressé à sa mort, parce qu'il devait être son héritier. Aussi saint Louis sépara la garde de la personne de celle du domaine (10). Par là, la vie du mineur fut protégée, et le service de la terre garanti.

Par suite du régime féodal, le seigneur intervint dans le mariage des filles et des veuves nobles. L'époux était choisi par le lignage et agréé par le seigneur (11). Il était juste que l'un empéchât les mésalliances, et que l'autre ne reçût pas un vassal contre son gré.

Tout devait être différent pour les coutumiers qui ne prêtaient point d'hommage et ne devaient point de service. Il n'y avait point de tutelle à leur égard (12), parce qu'il n'y avait pas de fief. Leur garde appartenait, à défaut du survivant de leur père ou de leur mère, au plus prochain héritier (13) ; mais comme cela présentait des dangers, aussitôt que le mineur avait assez de raison, il lui était libre de choisir lui-même son tuteur (14). A quinze ans, la minorité cessait (15). Ici, le terme était plus court, parce que le coutumier n'avait point de fief à servir, et qu'entouré de peu de précautions, il devait obtenir au plus tôt la faculté de se protéger lui-même.

Je ne dirai point que les donations se bornaient au tiers des biens pour les nobles, à la moitié pour les coutumiers (16); que l'ordre successif était descendant, ascendant et collatéral (17) : je n'ajouterai qu'un mot. Le sort des hommes était subordonné à celui des terres, et les attentions de la loi étaient moins pour les personnes que pour les choses.

CHAPITRE X.

Législation pénale.

Il ne suffit pas d'avoir une législation, il faut qu'elle puisse être exécutée. Avant saint Louis, il y avait des dispositions pénales ; mais elles étaient rarement appliquées. Ce prince, en substituant les voies juridiques aux guerres privées, et l'examen aux épreuves, fut le véritable créateur de la législation criminelle.

Cette législation est bizarre dans la désignation des crimes et dans la fixation des peines ; mais il faut la juger, eu égard au temps. A mesure que les sociétés avancent, les esprits s'éclairent, les rapports se règlent, les lois se perfectionnent. Notre siècle est à cet égard bien loin de celui de saint Louis; et les siècles suivans pourront être loin du nôtre. A l'époque dont nous parlons, ce qu'il fallait, c'était moins la connaissance absolue du mal, que la volonté et la puissance de punir celui qu'on voyait.

Comme tout ce qui a existé a eu ses motifs, je tâcherai de découvrir ceux de cette singulière législation, et je m'en ferai l'historien, sans m'en faire le juge.

Les crimes furent établis d'après les préjudices, et les peines furent graduées sur la nature des crimes et le nombre des récidives.

Les peines étaient corporelles ou pécuniaires : les corporelles étaient la mort et l'amputation des membres; les pécuniaires, la perte des meubles, et les amendes.

La mort avait lieu par le feu ou par la corde. L'amputation des membres était tantôt de l'oreille, tantôt du pied, tantôt de la main, tantôt des yeux. Les amendes variaient aussi : quant à la perte des meubles, elle n'était pas susceptible de plus ou de moins.

L'assassinat, le meurtre, l'incendie, le rapt, la trahison (1), le vol sur le grand chemin ou dans les bois (2), le vol domestique (3), le vol d'un cheval ou d'une jument (4), la complicité dans tous ces crimes (5), la seconde récidive pour petit larcin (6), sont punis de la corde. La même peine est portée contre celui qui *brise* sa prison (7), qui accuse faussement un autre d'un crime capital (8), et enfin, contre le possesseur d'un animal qui a tué quelqu'un, par suite d'un vice connu de son maître (9).

L'hérésie, l'infanticide, l'association d'une femme avec des meurtriers ou des voleurs, encourent la peine du feu (10).

L'égalité de ces peines pour des cas si différens semble peu juste ; elle est néanmoins motivée. On conçoit que le vol domestique, à cause de sa facilité; le vol sur le grand chemin, à cause de ses suites; celui d'un cheval, par son importance; une seconde récidive, par l'obstination qu'elle suppose dans le crime; l'imprudence commise en gardant une bête dangereuse au point de donner la mort, aient été assimilés au meurtre, à l'incendie, au rapt et à la trahison. Quant au *bris* de prison, il était considéré comme l'aveu du crime,

On conçoit encore qu'une plus grande peine ait été infligée à l'infanticide, crime contre nature; à l'hérésie, crime contre dieu; enfin, à l'association d'une femme avec des brigands, crime qui établit au milieu de la société même une société ennemie, avec tous les moyens de se perpétuer. Le motif pour le premier est naturel; pour le second, religieux; pour le troisième, politique. (Deux de ces motifs sont fondés, l'autre ne l'est pas; mais une erreur de ces temps était de se mêler des affaires du ciel, et de vouloir venger ses offenses. (10)

Un petit larcin exposait pour la première fois (11) à la perte d'une oreille, pour la seconde (12) à la perte d'un pied, pour la troisième (13) à la mort. Un vol dans une église (14), et la fausse monnaie (15) étaient punis de la perte des yeux. Le délit d'avoir frappé son seigneur sans l'avoir été par lui, emportait l'amputation de la main (16).

On voit par cette gradation dans les amputations de membres, et par l'espèce de membre qu'on perdait, suivant les circonstances, avec quel discernement les peines étaient appliquées.

L'oreille coupée était un avertissement, le pied coupé, un obstacle; les précautions augmentaient en raison des dangers. Si après cela, le voleur se montrait incorrigible, on lui donnait la mort. La perte des yeux, dans les deux cas cités, reposait sur un motif semblable : le sacrilége n'avait plus droit à la vue des choses saintes, et le faux monnoyeur ne pouvait plus fabriquer sans yeux. Quant à celui qui avait osé frapper son seigneur, on lui tranchait la main , car elle était coupable.

J'ai parlé ailleurs de la perte du fief (17), qui était une peine féodale; je n'y reviendrai pas. La perte des meubles avait lieu lorsque le vassal faisait tort à son seigneur, le démentait et le poursuivait de mauvaise foi, pêchait en ses étangs, chassait en ses garennes, frappait son messager, se servait de mesures fausses, ou lorsque, lui devant le *lige-estage*, il ne venait pas avec ses sergens garder ou défendre son château (18). Si le vassal était homme-d'armes, il avait le droit, tout en perdant ses meubles, de garder son palefroi, le cheval de son écuyer, un cheval de charge, un âne, deux selles, son lit, son habit de cérémonie, son agrafe, le lit de sa femme, son âne, une ceinture, une bourse, une agrafe et ses coiffures (19).

Les meubles du voleur de grand chemin, de l'hérétique, de l'usurier, de l'étranger mort sans seigneur, du suicidé, du déconfès, de celui qui se faisait armer chevalier sans être gentilhomme de parage, étaient confisqués au profit du baron (20).

Les injures, les torts causés involontairement par soi ou par sa chose (21), l'injustice d'une demande (22), celle d'une plainte (23), celle d'un appel (24), exposaient à une amende, qui variait suivant la grandeur des injures et des torts, et suivant la dignité de la cour. Les amendes étaient ainsi ou des satisfactions, ou des dédommagemens, ou des profits judiciaires, ou des dépens. Je ne parlerai point de leur valeur, variable à l'infini (25).

Le législateur n'eut pas seulement en vue de réprimer les crimes, il voulut encore les prévenir. Il chercha à détruire le vagabondage qui les faisait naître. Il régla que tout homme sans biens, sans domicile et sans métier, serait interrogé par le juge, et chassé de son territoire s'il se rendait suspect par ses réponses (26). Un autre moyen qu'il employa fut sa loi contre les jeux (27). En punissant les joueurs il empêcha leur désœuvrement, prévint leur ruine, et tous les crimes qui devaient en être les suites.

Il est bon d'exposer en peu de mots comment on procédait dans un délit. On s'emparait de l'accusé (28). Si le crime n'était pas d'une grande importance, on lui laissait la liberté, moyennant caution (29); mais s'il était de grande importance et que les preuves fussent manifestes, ou les préventions violentes, on le mettait en prison (30).

Après avoir montré le nombre et la nature des crimes; par quelles peines on les réprimait, par quelles précautions on les prévenait, parlons du droit et de la manière de les poursuivre. Il n'existait point de partie publique (31), et par conséquent l'accusation appartenait à l'offensé. On ne reconnaissait pas de crime s'il n'y avait pas d'accusateur. Celui dont on découvrait l'attentat, sans que personne se présentât contre lui, n'était ni jugé ni puni (32). Il en était de même de celui qui était arrêté au moment où il allait exécuter le crime. Dans le premier cas, nul ne se plaignant, on ne pouvait pas poursuivre ; dans le second cas, nul n'ayant souffert, on ne pouvait pas se plaindre. La poursuite du crime sans plainte, et de l'intention sans résultat, n'appartient qu'à une civilisation plus avancée. Lorsque la société se charge de veiller pour tous, elle poursuit en son nom, et le crime négligé, et celui qu'on a cherché à réaliser sans le pouvoir. Tout ce qui attente à la sûreté privée compromet le salut public, et est puni comme un préjudice et comme un désordre. Lorsque la poursuite était entamée on donnait à l'accusé toutes sortes de garanties: l'accusateur n'était pas entendu comme témoin (33), les enquêtes étaient communiquées à l'accusé (34); il pouvait avoir un conseil, et la défense était illimitée (35): à égalité de preuves, il était absous. Le crime était prescrit au bout de dix ans, l'injure au bout d'un an, la contravention au bout d'un mois (36).

CHAPITRE XI.

Réforme des Juges.

Ayant fixé la jurisprudence et les lois, le scrupuleux monarque voulut réformer les juges, afin que la justice ne fût pas seulement dans le droit, mais encore dans le fait.

Les offices royaux se donnaient à bail, et les juges étaient des fermiers (1). Les places étant à l'encan les consciences y furent aussi ; la corruption devait suivre la vénalité. Aussi la subornation à prix d'argent n'était ni déshonorée ni punie, et devant de pareils juges la bonté de la cause était en raison de la fortune des parties.

Saint Louis condamna ces honteux trafics, il fit de la justice une véritable magistrature, et de ses officiers des juges incorruptibles.

Le serment (2) imposé aux sénéchaux et aux baillis, contint l'obligation de faire droit à tous, sans exception de riches et de pauvres, de petits ni de grands. Il contint la défense de recevoir des présens, ou par eux-mêmes, ou par leurs amis, ou par leurs proches; la promesse d'empêcher les iniquités et les malversations de leurs subordonnés; et ce serment prêté entre les mains du roi, dut être renouvelé en pleines assises, devant les justiciables assemblés, afin que tous fussent instruits de l'étendue de leurs droits, et de la mesure de leurs devoirs.

Mais un simple serment ne suffisait pas, d'autres précautions étaient nécessaires. Pour que les juges supérieurs ne se prévalussent pas de leur puissance, il leur défendit de marier leurs enfans ou leurs proches, de les investir de bénéfices, de les faire entrer dans des monastères, ou d'acheter des immeubles sur leurs têtes, dans l'étendue de leur juridiction, sans y être autorisés par lui. Pour qu'ils ne fraudassent pas le fisc, il ne leur permit point d'affermer les offices subalternes à leurs parens ni aux amis de leurs parens; pour qu'ils n'accablassent pas le peuple, il exigea qu'ils n'employassent que le nombre de sergens indispensable pour les sommations, et l'exécution des jugemens, qu'ils n'imposassent que les amendes tariffées, qu'ils ne réclamassent que les services légaux ; qu'ils ne défendissent le transport intérieur et extérieur des vins, des blés, des marchandises, que d'après le conseil des prud-hommes ; enfin pour donner une garantie contre leurs prévarications, il leur prescrivit de rester quarante jours dans leurs bailliages, après être sortis de charge, afin qu'ils rendissent compte à leurs successeurs, et qu'ils répondissent de leur conduite au peuple (3).

Les officiers subalternes, tels que les prévôts, qui exerçaient la basse justice, les sergens, qui exécutaient les décrets des tribunaux, inspiraient moins de crainte, parce qu'ils avaient moins de pouvoir; on prit néanmoins contre eux quelques mesures de surveillance. Les prévôts furent obligés de poursuivre leurs dettes propres devant le juge souverain du lieu, de peur qu'ils n'abusassent de leurs places. Les sergens ne purent faire d'exécutions qu'avec les lettres de leurs supérieurs (4).

Saint Louis avait défendu d'admettre des gentilshommes dans les prévôtés. Ce moyen, employé contre la noblesse et en faveur du peuple, pour donner à celui-ci des juges éclairés et de son rang, devait, en dernier lieu, devenir général, et s'étendre aux bailliages.

Ainsi le législateur prévoyant assura l'exécution des lois en mettant un frein à la cupidité des juges et aux abus du pouvoir. Le serment avant la gestion, les obstacles pendant sa durée, la responsabilité à son terme, comprirent toutes les précautions et donnèrent toutes les sûretés.

CHAPITRE XII.

Juridictions ecclésiastiques, pragmatique-sanction.

A côté des juridictions civiles s'élevaient les juridictions ecclésiastiques. Depuis le commencement de la monarchie le clergé avait joui d'une grande puissance et d'un crédit plus grand encore. Le nombre de ses évêques, de ses abbés, de ses prêtres et de ses clercs; la richesse de ses possessions; la multitude de ses cliens, l'avaient placé au premier rang dans l'état, et il

savait s'y maintenir par la supériorité de ses lumières, la hardiesse de ses entreprises, ses
maximes ambitieuses, ses redoutables excommunications. Les rois le craignaient, la noblesse
l'enviait : plusieurs fois dépouillé, mais jamais
apauvri, plusieurs fois opprimé, mais jamais réduit, il réparait ses pertes sans relâche, et recommençait avec obstination son système d'a-
grandissement. Après les désordres de la féodalité il avait poussé si loin ses entreprises que,
malgré leur imprévoyance habituelle, les seigneurs s'en étaient vivement alarmés. Mais avant
d'en arriver là il faut que nous remontions plus
haut.

Admis à la possession des bénéfices, le clergé
acquit tous les droits attachés au territoire :
telle fut son influence sur l'esprit des peuples,
que de toutes parts on lui légua des domaines,
de toutes parts des hommes se donnèrent à lui.
Il eut autant de pouvoir que la noblesse, et obtint de plus la primauté sur elle. Plus riche que
cet ordre, parce qu'il recevait toujours sans jamais aliéner, il fut enfin dépouillé par lui, dabord sous la mairie d'Ebroïn, ensuite sous Char-

les-Martel. Ses plaintes, ses menaces lui valurent, sous Pépin, la dixième ou la douzième partie des revenus des domaines qu'on lui avait enlevés (1). De là les dîmes de la seconde race; ces dîmes, dabord particulières aux terres qu'on tenait du clergé ou qu'on avait usurpées sur lui, devinrent générales sous la troisième race. Elles furent exigées, le lévitique à la main, de ceux qui les devaient comme de ceux qui ne les devaient pas. Il faut donc bien distinguer les dîmes de la troisième race, de celles de la deuxième; les unes étaient un droit, les autres furent une aumône.

Les juridictions ecclésiastiques étaient féodales et religieuses. Comme féodales elles s'étendaient sur les hommes de leur ressort, donnaient tous les droits des fiefs, et en imposaient tous les devoirs; elles avaient un avoué ou un vidame pour rendre la justice et mener au combat (2). Comme religieuses elles s'étendaient sur tous les membres du clergé, et comprennaient encore des cas particuliers qui soumettaient les laïques. « Leurs « tribunaux, dit Mably, s'étaient attribué la con- « naissance de toutes les obligations touchant la

« foi, les mariages, et les crimes de sacrilége, de
« simonie, de concubinage, de sortilége et d'u-
« sures. Tous les procès des clercs, des veuves
« et des orphelins, leur étaient dévolus. Les
« évêques avaient mis les pélerins sous leur
« sauve-garde, et les croisés eurent bientôt le
« même avantage. A l'occasion du sacrement de
« mariage, le jeune ecclésiastique prit connais-
« sance des conventions matrimoniales, de la
« dot de la femme, de son douaire, de l'adultère
« et de l'état de ses enfans; il décida que les con-
« testations nées au sujet des testamens, lui ap-
« partenaient, parce que les dernières volontés
« d'une personne qui avait déjà subi le jugement
« de dieu ne pouvaient être raisonnablement
« jugées que par l'église (3). »

Cette marche était inévitable; et le clergé devait en dernier lieu s'attribuer la connaissance
de tous les procès, parce que dans chacun il y
avait une injustice ou un parjure, c'est-à-dire un
péché; et c'est ce qu'il fit (4).

Sous la première et sous la seconde race
il n'en avait pas été ainsi. La juridiction
ecclésiastique avait reconnu des bornes (5),

cette différence n'était pas la seule ; indépendante sous les deux premières, elle releva du Saint-Siége sous la troisième (6) ; libre dans ses élections, elle cessa de l'être (7). Non-seulement on put de degré en degré aller jusqu'au pape, mais on put encore franchir les degrés pour y arriver plus promptement (8). Ce ne furent plus, comme anciennement, les clercs et le peuple qui nommèrent les prélats, ce fut le pape, qui les élut, les transféra, et les déposa à son gré ; il se fit payer les nominations sous le nom d'annates, et frappa des impôts sous le nom de décimes.

Les usurpations du clergé sur la noblesse et du Saint-Siége sur le clergé, étaient allées fort loin. Sous Philippe-Auguste, on arrêta les uns sans pouvoir arrêter les autres, saint Louis les réprima toutes et protégea la noblesse contre le clergé, et le clergé contre Rome.

L'assemblée de barons, qui, sous le premier de ces deux princes, s'était exprimée avec tant d'animosité et d'amertume contre les évêques, avait beaucoup fait (9). Elle avait fixé la compétence des tribunaux laïques et ecclésiastiques,

en conservant aux uns la connaissance des con_
testations féodales, et en ne laissant aux autres
que les causes d'usure, de mariage et d'hérésie.
Elle avait encore nommé une commission permanente pour surveiller les entreprises du clergé,
à qui on avait rendu, en outre, ses nouvelles
acquisitions très-onéreuses par l'amortissement.
L'amortissement était un rachat particulier pour
les terres données ou vendues à un corps, qui
ne pouvait plus les aliéner. Il était dû aux trois
seigneurs dominans, dans la dépendance des-
quels ces terres étaient placées, comme un dédommagement des droits de mutation, qui ne
pouvaient plus avoir lieu à cause de l'inaliénabi-
lité. Malgré ces précautions, le clergé persévérait
dans ses projets d'envahissement, et il réparait
suffisamment ses pertes par ses droits sur les déconfès, les testamens, et les mariages (10).

Saint Louis détruisit ces abus en grande partie.
Il supprima la confiscation dans le cas de mort
subite (11), distinguant les déconfès involontaires
des déconfès volontaires. Et encore ne permit-il
la confiscation envers ces derniers, qu'après le
paiement des legs et des dettes. Dans les causes

des veuves, des pupilles, des douairières, des usures, les parties purent, à leur choix, poursuivre devant les tribunaux laïcs et ecclésiastiques (12); ce qui donna plus de sûreté aux personnes, et plus de garantie à la justice, les procès allant naturellement à ceux qui les jugeaient avec plus d'équité. Enfin, il autorisa la noblesse à se coaliser pour se défendre. Ce grand prince emprunta aux juridictions du clergé des formes plus rassurantes et des règles plus équitables : mais il réprima ses injustices.

Il le força encore à se racheter des acquisitions qu'il avait faites, moyennant finance envers trois suzerains dominans (13), et il permit de rester sans risques sous les excommunications (14) qu'on lançait sans motifs et sans mesure, pour des contestations mondaines et des querelles particulières. La fatale doctrine de l'interdit fut l'objet de toutes ses attaques (15); il chercha d'abord à la restreindre, ensuite à la détruire.

Mais il tenta surtout de corriger les abus introduits par la cour de Rome. Vaste dans ses projets, infatigable dans leur exécution, cette cour avait asservi l'église, épuisé les peuples, ébranlé les trônes ; par les nominations aux siéges et aux bénéfices, elle maîtrisait le clergé ; par les excommunications elle épouvantait les rois ; par les indulgences, les décimes et les annates, elle disposait des consciences et des richesses de la chrétienté. De là son langage altier, ses préten- tions audacieuses. Saint Louis, pendant tout son règne, repoussa les tentatives des papes, leur interdit les décimes, rejeta leurs ordres, n'ac- cueillit point leurs remontrances, protégea son clergé contre leur tyrannie, et ses peuples contre leurs exactions (16). Le premier il rétablit les pré- cieuses libertés de notre église (17), il rappela les anciens canons, il commenca cette constitu- tion qui devait rendre aux conciles généraux leur suprématie, détruire les interdits, et ruiner la juridiction romaine. Les évêques furent élus d'après les anciens usages, le droit de collation aux bénéfices fut restitué à ses propriétaires. Les libertés et les priviléges des églises et des monas- tères furent consacrés. Il condamna les mandats, les réserves, les graces expectatives, les simonies, et ce fut beaucoup. Non content d'avoir raffermi le clergé contre Rome, il surveilla ses mœurs et régla ses possessions. Une grande partie des bénéfices lui appartenaient par le droit de *régale* (18); jamais il n'en conféra deux à la même personne. Il forçait celui qui en obtenait un nouveau de se démettre de l'ancien, et dans le choix des bénéficiers il se décidait sur leurs lumières et leurs mœurs (19): un conseil particulier l'aidait dans ce soin important, et par là ce grand prince mettait la règle dans les choses et dans les personnes.

CHAPITRE XIII.

Des Monnaies.

Saint Louis fixa le titre, le poids et la valeur des monnaies. Cette amélioration ne fut pas des moins importantes. Elle concourut avec toutes les autres à former un grand ensemble, elle rendit le commerce plus facile, les relations personnelles plus sûres, en donnant de la stabilité à des valeurs jusque-là changeantes. Les monnaies

tenaient à tout comme prérogative, ou comme
moyen de relation. Le mécontentement, les injustices, l'appauvrissement et le desordre s'é-
taient fréquemment glissés dans l'état par cette
voie. Saint Louis la leur ferma pour un tems,
car ses successeurs ne furent pas aussi sages
et aussi justes. Voyons à qui appartenait le
droit de battre monnaie et les altérations successives des espèces avant le règne de ce prince.

Sous la troisième race, quatre-vingts seigneurs
environ, battaient monnaie pour leur compte
(1). Sous la première et au commencement
de la seconde, on battait monnaie dans autant
et plus de lieux (2), mais pour le compte des
rois. La révolution qui fit de cette perception
royale une perception féodale, est facile à con-
cevoir. Les ducs et les comtes, qui dans leurs
gouvernemens, surveillaient la monnaie, s'en
firent les propriétaires, lorsque ces gouvernemens devinrent des héritages. Ils s'approprièrent
toutes les prérogatives de la souveraineté, qui
n'avaient été qu'un dépôt entre leurs mains; et
celle-ci fut du nombre. Une preuve de ce que
j'avance c'est le capitulaire (3) par lequel

Charlemagne ordonne, pour prévenir les fraudes, que la monnaie ne sera frappée que dans son palais, et l'édit (4) de Charles-le-Chauve, qui réduit à dix les lieux de sa fabrication. Ces deux princes, qui reconnaissent les autres droits seigneuriaux, n'admettent pas celui-là. C'est qu'en effet il ne faut pas les confondre; les uns ont existé de tout temps dans la monarchie, l'autre n'a été qu'une accession. Leur nature est bien différente puisqu'ils tiennent à un ordre de choses tout-à-fait opposé; les deux premiers, à un état voisin de celui de nature, et le derdier, à un état de civilisation assez developpée. Sur les uns, les Francs avaient en Germanie des usages et des idées qu'ils conservèrent; sur l'autre, ils n'en avaient point (5), et ils imitèrent les Romains leurs prédécesseurs. Dans l'empire, la monnaie appartenait au prince; il en fut ainsi dans la monarchie jusqu'au moment de sa dislocation complète, époque à laquelle ce droit suivit la pente générale.

Ce droit n'était pas sans profit. Outre la sixième partie (6) de l'argent apporté pour sa fabrication, que les seigneurs s'appropriaient, ils frappaient

encore une taille dans les lieux où leur monnaie avait cours sous le nom de *Monnéage* (7).
Cette taille était le rachat du droit d'altération,
et c'était en retour que les seigneurs garan-
tissaient la bonté et la fixité de leurs espèces.
Malgré cela ils les altéraient encore, ce qui
leur valait un triple profit. Le sixième, la taille
et le produit de l'altération.

Successivement altéré, le sou de Charlemagne
était bien descendu de valeur par son alliage
avec le cuivre. Sous Philippe premier, il était
diminué d'un tiers (8), sous Louis VI, de la
moitié (9), sous Philippe-Auguste, des trois-
quarts (10), et enfin sous saint Louis, il ne lui
restait plus qu'un cinquième (11) de son ancienne valeur. Pour bien comprendre cela,
quelques explications sont nécessaires.

La monnaie exprima d'abord la quantité et
la qualité de la matière employée dans sa fabrication. La première forma le poids, la seconde le titre, toutes deux la valeur des espèces.
La livre désignait à la fois l'une et l'autre; elle
était poids (12), et comme telle, divisée en
douze onces, chaque once en huit gros, cha-

que gros, en soixante-douze grains ; elle était monnaie, et comme telle, divisée en vingt sous, le sou en *trémisses* et la *trémisse* en deniers. Il existait entre la livre poids et la livre monnaie une parfaite correspondance : 20 sous pesaient 12 onces, 12 onces valaient 20 sous. Sous Charlemagne, la monnaie et le poids commençaient déjà à se séparer, mais d'une manière presque insensible. Le sou pesait 345 grains ou quatre gros 37 grains, ce qui établissait entre la livre monnaie et la livre poids, le rapport de 90 20/72 à 95, ou la différence de 5 gros 52 grains (13). Le rapport alla toujours en s'affaiblissant et la différence en augmentant. Sous saint Louis, la livre poids valait à peu près cinq livres monnaie. Dès lors, comme on le sent, il n'y eut plus accord entre les mots et les choses ; le nom de livre ne fut plus qu'une désignation conventionnelle, en relation avec un certain nombre d'espèces et une certaine quantité d'argent, mais n'exprimant plus l'ancienne livre. La dénomination resta lorsque l'ancienne quantité fut changée, et même, selon les époques, elle indiqua une valeur différente.

Le marc, (14) qui fut en usage dans les désignations monétaires, exprimait un poids d'argent et non des espèces d'argent. Ses fonctions étaient les mêmes que celles de l'ancienne livre, lorsque celle-ci désignait une quantité fixe. Seulement la livre s'étant unie aux espèces, avait subi des changemens en conséquence de leurs altérations; ce qui n'arriva point au marc, qui, à part des espèces, fut à l'abri de leurs variations. Le marc était de huit onces, inférieur à la livre lorsque celle-ci contenait tout son poids; il lui devint supérieur lorsqu'elle fut réduite. Sous saint Louis, la livre monnaie était de deux onces et demie environ, ce qui la rendait un peu plus que le quart du marc.

Les révolutions survenues dans la valeur des espèces sont faciles à expliquer. Les rois étaient les propriétaires des monnaies et auraient dû être les gardiens des espèces, mais ils trouvaient plus de profit à les altérer qu'à les conserver pures. Les prenant à un certain poids et à un certain taux, et les rendant au même taux et avec un poids moindre, ils recevaient plus et donnaient moins. Saint Louis comprit la nécessité de mettre la monnaie à l'abri de ces fréquentes variations utiles pour un moment au prince, mais funestes à l'état (15) dont elles bouleversaient tous les rapports.

Il fabriqua plusieurs espèces et en fixa la valeur; le denier d'or, appelé agnel (16), pesant 77 grains, valant 12 sous 6 deniers tournois; le sou tournois (17), appelé gros denier d'argent, pesant 79 grains, valant 12 deniers tournois; le petit tournois (18), appelé maille d'argent, pesant la moitié ou le tiers du gros tournois; le denier (19) alliage d'argent et de cuivre, ne contenant du premier que six grains 1/2; enfin l'obole (20), ne valant que la moitié du denier, et la pougeoise (21), que le quart.

Ces monnaies suffisant à toutes les opérations par leur diversité, restèrent long-temps dans cet état. Saint Louis, dans son ordonnance de 1265, (22) désigna celles qui auraient cours, en évaluant leur prix d'après celui du tournois, et condamna les autres, qui étaient trop altérées pour être admises. Il donna quelque temps pour les porter à la monnaie, et prescrivit de les retirer dans les domaines royaux et dans les terres des seigneurs, qui n'avaient pas le droit de battre monnaie ; obligeant en même temps ceux qui avaient ce droit, de ne plus les recevoir. Les résultats de ces sages établissemens furent très-avantageux ; il y eut rapport entre les monnaies, rapidité dans la circulation, sécurité dans le commerce ; aussi les peuples s'en souvinrent long-tems, et lorsque l'avidité (2ʒ) de quelques rois fit subir de nouvelles altérations aux monnaies, les plaintes du royaume entier et le nom de saint Louis, mêlé dans ces plaintes, prouvèrent combien avait été grand le bienfait et combien était présent son souvenir. La mention de *forte monnaie* ou de *faible monnaie*, la suspension des foires, la retraite des marchands étrangers et la ruine des marchands français, sous Philippe-le-Bel, prouvèrent assez de quelle importance était pour l'état une pareille matière.

Enfin d'altération en altération on en est venu à ce point que le denier et puis le sou ont été de cuivre ; que ces deux espèces sont devenues insignifiantes et que la livre n'a presque plus eu de valeur.

Quant au droit de monnaie, il revint peu à peu à la royauté comme tous les autres. Les rois en obtinrent la cession de quelques vassaux, soit par force, soit en traitant avec eux. L'introduction de leurs espèces dans les baronies, la supériorité de leur fabrication, firent à la longue tomber les autres. Saint Louis ordonna que sa monnaie aurait cours partout (24). Bientôt les barons furent réduits à la simple monnaie de billon, puis enfin, ils cédèrent encore celle-là (25).

CHAPITRE XIV.

Continuation des réformes.

Les lois générales n'occupèrent pas saint Louis exclusivement : partout où il trouva le mal il y porta remède. Il répara les désordres particuliers comme les désordres publics, les abus accidentels comme les abus durables.

Ses ordonnances (1) contre les jeux, les juremens, les usures, les femmes publiques, peuvent paraître étranges à notre siècle ; elles étaient justes et nécessaires dans le sien. Le jeu conduisait au désœuvrement, au vagabondage, et au crime ; la religion était le seul frein, et les juremens l'affaiblissaient ; les femmes publiques corrompaient les mœurs déjà assez dépravées, et les usures ruinaient le peuple déjà assez appauvri.

Les Juifs qui furent condamnés sous son règne à des *avanies*, le furent un peu comme Juifs, mais beaucoup comme usuriers (2). On les força à des restitutions légitimes et à des distinctions humiliantes. Cette nation infortunée, persécutée pour ses croyances, avilié par ses malheurs ; toujours dépouillée et toujours riche ; souvent bannie, mais toujours tolérée, vivait étrangère au milieu des peuples, sans autre propriété que l'argent, sans autre moyen d'existence que l'usure. Les traverses l'avaient rendue prudente, et les persécutions habile, aussi sauvait-elle toujours quelque chose de ses naufrages.

Au milieu de toutes ces réformes, le monarque n'oublia rien pour la juste répartition des tailles, objet important à cause de sa généralité.

Les principaux d'entre le peuple choisissaient trente ou quarante personnes, qui, à leur tour, en choisissaient douze; ces derniers étaient les répartiteurs. Après avoir juré d'asseoir la taille avec diligence et égalité, ils la fixaient au sou la livre sur le montant des propriétés, en imposant les meubles la moitié moins que les immembles. Quant à eux, ils étaient taxés par quatre personnes dont la nomination était tenue secrète, jusqu'à l'assiette générale de la taille. Les divers répartiteurs ne se connaissant point, ne pouvaient s'alléger réciproquement; les imposans et les imposés se trouvaient sur la même ligne, et par là, l'on mettait obstacle à l'arbitraire comme aux faveurs (3.

CHAPITRE XV.

Droit romain, Universités.

Qand un législateur veut détruire une jurisprudence insensée, il doit en présenter une raisonnable; quand il veut dompter des mœurs féroces, il doit éclairer les esprits. Le droit romain et les universités conduisirent saint Louis à ce double but.

Un livre (1) découvert en onze cent cinquante-sept dans une ville d'Italie, devait faire révolution dans le monde. Le code de Justinien étonna les Francs sortant de la féodalité, comme les monumens romains avaient étonné leurs ancêtres sortant des forêts de la Germanie. Tous les esprits furent agités; en admiration devant la vieille sagesse d'un grand peuple, l'Europe la proclama *la raison écrite*. De toutes parts on fonda des chaires pour apprendre et pour propager sa doctrine; une jurisprudence nouvelle s'établit en rivalité contre la jurisprudence ancienne, des pays entiers l'adoptèrent; saint Louis fut le premier qui favorisa son étude, il s'aida du droit romain dans ses innovations, et c'est sur lui qu'il en régla les formes. Les maximes romaines, sont citées dans ses ordonnances, suivies dans ses établissemens; il les montre partout dans les écoles et dans les lois, comme pour régénérer les idées et les usages de son peuple. Les progrès du code nouveau devaient être rapides, et après avoir régné en commun avec le code féodal, il devait triompher de lui, et régner seul.

L'université qui enseignait à la fois les arts, les lettres, les sciences et les lois, fut l'objet de la sollicitude du monarque. Ce corps dont l'institution remonte à Charlemagne, s'était successivement agrandi; ses lumières, ses docteurs, ses priviléges, l'avaient rendu célèbre en Europe. Le partage de l'université en quatre nations indique quelle était restée seule dépositaire des lettres antiques, et que la science n'avait pas eu d'autre asile. Sous le gouvernement de saint Louis ses lumières s'accrurent et son importance augmenta (2). Personne n'ignore que les débats de quelques docteurs divisèrent les peuples et occupèrent des pontifes et des rois. L'essor qu'elle prit devait ramener en Occident le règne des lettres. Alors on vit d'illustres savans, et des ouvrages remarquables ; alors écrivirent Guillaume d'Amour, Chrétien deBeauvais, saint Thomas d'Aquin, Beaumanoir et Joinville; alors la langue nationale fut introduite dans les lois et dans les livres (3); une bibliothèque fut fondée par le prince (4), et la Sorbonne fut établie

par un homme (6) que son grand savoir avait
fait admettre dans l'intimité du monarque.
Une ère nouvelle s'ouvrit, et les peuples re-
prirent, pour ne plus le quitter, le grand œuvre
de la civilisation.

CHAPITRE XVI.

Des Croisades.

En parlant de saint Louis il faut parler des
croisades : ce prince fut le chef des deux dernières, il trouva la captivité dans l'une et la
mort dans l'autre. Ces grandes expéditions ont
été diversement jugées, selon les idées et les
passions des temps. L'esprit de secte en a pré-
conisé le but, les moyens et les excès. La phi-
losophie, qui a eu aussi ses préjugés et ses injustices, a blâmé Louis IX, parce qu'il était
saint, et condamné les croisades parce qu'elles
étaient religieuses. Ce n'est pas ainsi qu'on juge
les événemens et les hommes : je sais mépriser
la superstition, mais j'aurais aimé que l'hé-

roïsme, le génie et la vertu, fissent trouver grâce à la sainteté, et que la grandeur et l'utilité des résultats fissent pardonner l'entreprise.

Ce fut un singulier événement dans le monde que ce départ de l'Europe pour l'Asie, que la vue des anciens Barbares portant la croix en Judée, et tenant leurs assises sur la place de Jérusalem. Cet événement, dû à la ferveur religieuse de ces temps, bien plus qu'à des motifs politiques, eut pourtant des effets bien plus politiques que religieux.

Il y avait alors en Europe beaucoup de pélerinages, parce qu'il y avait beaucoup de crimes, et qu'il était besoin de beaucoup d'expiations. Les pélerinages conduisirent aux croisades. Grégoire VII les avait prêchées, et à un pareil homme on peut supposer d'autres vues ; mais il n'avait pas réussi, car il s'était rendu suspect aux rois et aux peuples.

Les avantages des croisades furent ressentis par chaque état en particulier et par l'Europe entière. Le départ, l'appauvrissement, la mort de la plupart des feudataires, produisirent la paix pour le pays, l'affranchissement pour le

peuple , le retrait des fiefs pour la royauté. Confédérés , les seigneurs se réconcilièrent ; ruinés ,
ils vendirent des droits aux serfs , et des fiefs
aux rois ; morts , leurs domaines furent réunis
à la couronne ; voilà pour la féodalité. Quant
à l'Europe , voici ce qu'elle en recueillit.

Les relations nombreuses que les croisades
établirent entre les divers états de l'Occident, et
entre l'Occident et l'Asie , jetèrent les peuples
dans une nouvelle direction. Isolés jusque-là ,
ils se rapprochèrent , et les diverses parties du
monde échangèrent leurs produits et leurs lumières. En outre, l'Europe fut sauvée de l'islamisme , et ceci mérite attention. L'islamisme ,
éminemment conquérant, a eu deux époques de
ferveur, celle des Califes et celle des Turcs :
dans l'une et dans l'autre il a menacé l'Occident
que la France a sauvé deux fois. Sans Charles-
Martel, c'en était fait des monarchies européennes ; les hommes du Nord auraient cédé la place
aux hommes de l'Orient , et le monde eût pris
une autre face. Charles-Martel alla s'établir
comme une digue entre Poticrs et Tours, et il
arrêta le torrent.

Les grandes crises sont violentes mais elles ne durent pas. Il n'a appartenu qu'au peuple romain de conquérir long-temps, parce qu'il a fait par raison ce que les autres ont fait par fanatisme. L'islamisme se ralentit donc, mais une nation tartare vint le ranimer, en se convertissant à lui, comme les Normands étaient venus trois cents ans après l'invasion générale, secourir la Barbarie. L'Europe ne prévit pas le danger, et néanmoins elle fit ce qu'elle aurait dû faire si elle l'avait prévu. En se transportant en Orient, les peuples d'origine Germaine retardèrent la crise et plus tard arrêtèrent ses effets. Après la destruction des royaumes de Jérusalem et d'Antioche, les débris des croisades firent la retraite en bon ordre, s'appuyant tour-à-tour sur Saint-Jean d'Acres, sur Rhodes et sur Malte; et de simples chevaliers sauvèrent l'Europe lorsque fut venu le moment de la sauver. Si les Turcs de Mahomet II et de Soliman II n'étaient pas venus se jeter et se briser contre Rhodes et contre Malte, qui les eût arrêtés ? Cette seconde crise passa comme la première. Un peuple qui d'errant devient fixe, dépose ses habitudes aventureuses et son courage indompté. Les Turcs fixèrent le siége de leur empire dans l'ancienne Bysance, et se reposèrent là des fatigues de la conquête. Dépuis, ils sont allés toujours en s'affaiblissant; maintenant ils ne sont plus rien, et prendra Constantinople, qui voudra. Les chevaliers, qui furent si formidables dans cette lutte, dégénérèrent à leur tour, lorsqu'elle eut cessé. Tant qu'ils avaient été nécessaires, ils avaient été forts; inutiles, ils ne le furent plus. Ce qui a été institué pour une chose tombe avec elle : le but manquant, la mission cesse.

Tels ont été les résultats des croisades. Quant à leurs motifs, ils furent ce qu'ils devaient être, la conséquence des opinions et des intérêts du moment; jamais les événemens humains n'ont eu d'autres mobiles. Les peuples n'agissent que d'après ce qu'ils croient, et ils croient différemment, suivant les époques: il ne faut donc point demander à un temps ce qui n'appartient qu'à un autre. La raison ne marche qu'avec les siècles. Je ne saurais pourtant m'empêcher de blâmer la dernière croisade; elle fut inutile, et sans elle saint Louis aurait vécu quelque temps de plus pour le bonheur de son royaume.

CHAPITRE XVII.

Conséquences de la Législation de saint Louis.

Dans l'ordre des choses humaines, une révolution ne marche jamais seule, l'impulsion une fois donnée ne s'arrête plus, et parce qu'un homme a paru, tout l'avenir d'un peuple est changé. Les renouvellemens successifs des idées, des mœurs et des lois, tiennent ainsi à une première réforme.

Avant d'examiner les conséquences de la législation de saint Louis, résumons-la en peu de mots.

L'abolition du combat judiciaire permit l'emploi des voies légales, et rétablit les appels.

Les voies légales multiplièrent les affaires et compliquèrent la procédure. Le nombre des causes et les difficultés de l'examen, exigèrent de nouveaux juges ; ces juges furent pris parmi les hommes nouveaux, parce que les hommes nouveaux étant seuls instruits, étaient seuls capables. Ils partagèrent d'abord ces fonctions avec leurs prédécesseurs, et finirent par les exercer seuls : par ce moyen, l'importance passa des barons aux légistes, et le parlement perdit son caractère législatif et renforça son caractère judiciaire.

Les appels placèrent les juridictions des seigneurs sous la juridiction du roi, donnèrent à celui-ci l'interprétation des coutumes et la souveraineté des jugemens, et lui soumirent par là les lois et les hommes.

Les cas royaux, par leur extension, enlevèrent les causes aux barons, et restreignirent leurs droits, comme les appels avaient détruit leur indépendance.

La Quarantaine-le-Roi empêcha les guerres privées, et fit porter les contestations devant les tribunaux.

Le droit romain changea peu-à-peu la législation féodale en législation civile, et seconda la royauté par ses maximes, comme les cas royaux et les appels la secondèrent par leurs effets.

Ainsi la restriction des guerres privées et l'abolition des épreuves, conduisaient aux voies légales, et tout ce qui rentrait dans les voies légales revenait au roi, ou par les cas privilégiés en première instance, ou par les appels en dernier ressort. Ainsi cette législation fut toute au profit de la royauté : elle lui redonna une supériorité effective, et lui valut encore ce qu'elle n'avait jamais eu seule, la puissance législative. Cette puissance sortit des parlemens avec les barons, et bientôt ne fut plus exercée que par le monarque.

Voilà ce qu'il y eut de plus important dans la législation de saint-Louis, et ce qui décida de l'avenir de la monarchie ; les autres changemens se bornèrent à son époque, et n'eurent d'influence que par les nouveaux changemens qu'ils amenèrent. Nous ne sommes pas appelés à les suivre ; cela nous menerait trop loin, et exigerait un ouvrage à part.

Pour que cette législation fût complète, il fallait qu'elle devînt générale, qu'elle n'existât pas dans les domaines royaux seulement, mais dans la France entière. Les lois étaient créées, il n'était plus besoin que d'en étendre l'usage ; c'est ce que firent les successeurs de saint Louis. Le principal moyen fut la réunion des grands fiefs à la couronne. A mesure que les rois devenaient les propriétaires d'une province ils en devenaient les législateurs. Cette réunion se fit assez vite : le comté de Toulouse fut acquis à la royauté, sous saint Louis; la Champagne, sous Philippe-le-Bel; la Normandie, la Guienne et le Dauphiné, sous Charles VII ; la Bourgogne et la Provence, sous Louis XI; enfin la Bretagne, sous Charles VIII. Par là, les mesures contre les guerres privées et les épreuves judiciaires, furent peu à peu exécutées dans tout le royaume. Les justices royales s'étendirent, et les parlémens devinrent plus nombreux ; on ne créa rien, mais on propagea ce que saint Louis avait établi.

Le continuateur de cette monarchie fut Charles VII, et celui qui y mit la dernière main fut Louis XIV. Ces deux princes eurent des intentions différentes, mais travaillèrent dans le même but. Charles VII fut poussé au gouvernement absolu par des motifs d'ordre, et Louis XIV des motifs de hauteur.

Philippe-le-Bel, qu'il ne faut pas oublier, agit dans des vues de pouvoir et dans des vues d'intérêt; ce qui le fit arriver à deux résultats différens. Pour accroître son pouvoir il harcela les seigneurs, et les dépouilla de leurs droits, ce qui était dans le sens de la monarchie absolue: pour obtenir de l'argent, il convoqua les divers ordres de l'état, ce qui était dans le sens de la monarchie limitée. Il eût été heureux que les états-généraux entrassent en partage de l'autorité, mais cela ne pouvait pas être, comme je l'ai fait voir précédemment; ce n'était pas le droit qui leur manquait, mais la force. Ainsi, il faut mettre de côté cette institution, qui ne subsista pas long-temps, et qui, pendant sa courte durée, n'empêcha pas la royauté d'aller à son but.

Charles VII, celui de tous les princes qui, par le caractère et par l'intention de ses réformes, ressemble le plus à saint Louis, consolida les nouveaux établissemens. Il rédigea les coutumes pour rendre la procédure plus facile; il multiplia les parlemens pour rendre la justice royale plus

étendue ; il déposséda la cour de Rome de sa suprématie, pour tout replacer dans l'état; il soumit
les officialités aux appels, pour tout remettre sous
sa dépendance; il créa les armées permanentes,
pour donner une force propre à la royauté, et
les taxes perpétuelles pour assurer cette force.
Louis XI, qui vint après, et à qui l'on a attribué
cette révolution, parce qu'on fait beaucoup plus
d'attention à la destruction des hommes qu'au
changement des choses, ne fut point un réfor-
mateur. Il se conduisit sans plan, par caprice,
songeant plus à lui qu'à l'état, ayant des fantai-
sies de cruauté beaucoup plus que des projets de
pouvoir, se jetant dans des positions difficiles,
sans nécessité, et s'en tirant sans honneur. Il
contribua néanmoins au repos de la monarchie
nouvelle, en la débarrassant d'hommes dange-
reux, parce qu'ils étaient déplacés.

Quant à Richelieu, il travailla beaucoup
moins pour la royauté que pour le ministère.
On ne voulait plus dépouiller le trône, mais le
servir : on se disputait, non le pouvoir, mais son
exercice. Richelieu se défit des concurrens de sa
place, et non des ennemis de son roi : car les

complots et les révoltes n'étaient pas dirigés contre son maître, mais contre lui. Néanmoins, tout en agissant pour lui-même, il rendit la royauté formidable, car il agissait en son nom.

Avant Louis XI, les guerres furent royales; après, elles furent ministérielles. Les guerres de religion elles-mêmes eurent pour but le maniement du pouvoir, quoiqu'elles eussent pour prétexte la religion. Les princes Français ne se firent protestans que parce que les princes Lorrains étaient catholiques. La guerre de la fronde fut entamée et poursuivie par des ambitieux qui voulaient dominer la cour. Le parlement et le peuple ne savaient pas ce qu'ils voulaient, mais le cardinal de Rétz et le prince de Condé le savaient bien. Ce qui donna à ces deux dernières guerres un caractère particulier, ce fut la différence de leur motif supposé d'avec leur motif réel. Dans l'une et dans l'autre, les formes furent féodales, quoique le but ne le fût point. Louis XIV détruisit les derniers restes du vasselage par le régime des intendans, et termina les guerres du pouvoir en déclarant qu'il entendait choisir tout seul ses ministres.

Ainsi, Louis IX fournit les agrès, Charles VII
construisit le navire, et Louis XIV le mit à
flot.

Maintenant, voyons qu'elles ont été les causes
de la puissance absolue, et quelle devait être sa
destinée. Et d'abord il était nécessaire que tout
revînt à un centre, et que l'unité fût partout rétablie. Pour qu'il n'y eût à la fin qu'une loi,
qu'un état, qu'un peuple, le roi devait détruire
les priviléges des corporations, les justices des
vassaux, et devenir le seigneur de tous les fiefs
et le possesseur de tous les pouvoirs. Cette révolution était dans la nécessité des choses: toutes
les forces cherchent à s'étendre, et les plus
grandes finissent par détruire les petites. Si elles
s'étaient toujours balancées, si les grands fiefs et
les communes eussent été divisés comme les républiques de Grèce et d'Italie, tôt ou tard ils
auraient été envahis par une puissance étrangère;
ils auraient eu d'abord leurs tyrans, comme la
Grèce et l'Italie; puis leurs conquérans, comme
la Grèce, qui fut tour-à-tour aux Macédoniens et
aux Romains, et l'Italie, qui a appartenu successivement à tous, et jamais plus à elle. Vaut-il

mieux que la conquête se soit faite par l'un
d'entre nous ; que nous n'ayons vu ni vainqueurs
étrangers ni mœurs étrangères, et qu'on ne nous
ait pas contraint, comme Guillaume-le-Bâtard
contraignit les Anglais, après les divisions de
l'heptarchie, à soumettre nos contestations à
des juges ennemis, à les faire décider par les lois
d'un autre peuple, à renoncer à la langue du
pays et à l'héritage de nos pères? D'ailleurs, cette
révolution devait conduire à d'autres. Si, d'un
côté, pour détruire l'anarchie, l'unité du pouvoir était nécessaire, de l'autre le régime absolu
devait amener la liberté Mais ce ne fut pas
pour arriver à ce but que les rois agrandirent
leur puissance ; ils aspirèrent beaucoup plus à la
suprématie qu'ils ne recherchèrent le bien de
l'état. Pour cela, ils se débarrassèrent successivement de tous les corps qui pouvaient les con-
trarier par leur opposition, ou les incommo-
der par leurs remontrances. C'est ainsi que la
royauté détruisit les grands fiefs, les communes,
les états-généraux et les parlemens. Ayant besoin
d'aide contre les grands fiefs, elle fortifia les
communes ; ayant besoin de subsides, elle con-

voqua les états-généraux; ayant besoin de crédit, elle flatta les parlemens. Mais la guerre finie contre les grands fiefs, le secours des communes devint inutile, et elle les annulla; les taxes perpétuelles obtenues, le vote de l'impôt devint superflu, et elle suspendit les états-généraux; l'acquisition de la puissance absolue lui permit de se passer des parlemens et de ne plus faire approuver ses ordres. Comme elle les attaqua tous successivement et un à un, elle en vint facilement à bout. Les grands fiefs étaient désunis, les communes ne pouvaient ni se confédérer, ni s'entendre; il y avait là de la force, mais cette force était inactive parce qu'elle était éparse. La puissance des états-généraux n'était que d'accident. Un corps qu'on supprime en cessant de le convoquer, n'est pas fort redoutable. Quant aux parlemens, leur autorité était de pure tolérance; il suffisait de ne pas la souffrir pour la détruire. La puissance des grands fiefs et des communes périt faute d'union; celle des états-généraux, faute de permanence; celle des parlemens, faute d'appui. Arrivée à ce point, la royauté roula sur un terrain uni, où elle n'éprouva pas d'obstacle, mais où elle manqua de soutien. Elle se trouva seule en présence de la révolution, c'est-à-dire, d'un grand peuple, qui n'était pas à sa place et qui voulait s'y mettre, et elle ne résista pas.

Ainsi, depuis l'origine de la monarchie, ce sont moins les hommes qui ont mené les choses que les choses qui ont mené les hommes. Trois tendances générales se sont tour-à-tour déclarées et accomplies. Sous les deux premières races, tendance générale vers l'indépendance, qui finit par l'anarchie féodale; sous la troisième, tendance générale vers l'ordre, qui finit par le pouvoir absolu; et après le retour de l'ordre, tendance générale vers la liberté, qui finit par la révolution.

CHAPITRE XVIII.

Charlemagne et saint-Louis.

JE ne puis m'empêcher, en finissant, de comparer Charlemagne et saint Louis. Ce n'est pas qu'ils se ressemblent en toutes choses; leur génie, leur caractère, leurs œuvres ont différé : mais tous deux législateurs à des époques diverses, bienfaiteurs de leurs sujets et honneur de leur pays, ils apparaissent comme deux grands hommes égarés au milieu des barbares, et se donnant la main, malgré la distance des siècles.

Charlemagne et saint Louis étaient dans une position différente. La France de l'un n'était pas la France de l'autre, et ils ne pouvaient ni employer les mêmes moyens, ni tenter les mêmes réformes. Charlemagne, héritier d'un vaste empire, put l'augmenter encore ; fils de conquérant, il dut l'être ; trouvant tout uni, il put tout ramener à un centre. Il acquit plus de puissance que son père, plus de gloire que son aïeul. Les Champs-de-Mars étaient abandonnés, il les rétablit ; les divers corps de l'état étaient divisés, il les rallia. L'Europe devint son royaume ; il y étendit ses vastes bras, et l'eut toute entière sous la main. Après avoir subjugué l'Occident, il lui donna des lois : il aurait pu s'en faire le maître ; il aima mieux en rester le chef. Une armée, des victoires, d'immenses richesses, lui permettaient tout ce qu'il aurait voulu : il préféra le monde libre au monde asservi. Grâces lui en soient rendues. Peu aussi puissans ont été aussi modérés; peu se sont abstenus d'employer leurs trésors pour corrompre, leur armée pour opprimer; peu ont respecté les lois qu'ils avaient faites et les libertés qu'ils avaient permises. Pour lui, après avoir limité volontairement sa puissance, il courba le premier sa tête devant la règle. La nation une fois constituée fut sa propre législation. Les grands préparaient les délibérations, le peuple entier portait les lois, le monarque les faisait exécuter. Malgré cette publicité, le secret sur les entreprises était gardé, et l'on voyait le rapide conquérant porter les volontés de la nation tantôt en Italie, tantôt au fond de l'Allemagne, courant du midi au nord pour maintenir l'empire et ses lois. A lui seul tenait cette vaste machine; il en était à la fois l'âme et le lien. Il avait tout soumis par les armes, il gouvernait tout par le génie. Il assemblait chaque année l'Europe entière en plein air, et faisait graviter les empires autour de son trône, comme les mondes gravitent autour du soleil.

Saint Louis était loin de cette vaste domina-

tion. Ses états étaient resserrés, sa puissance di-
minuée. De toutes parts son territoire rencontrait
des barrières, et sa souveraineté des obstacles.
Au centre, comme aux extrémités du royaume,
étaient des vassaux fiers, nombreux, puissans,
jaloux de leurs priviléges et disposés à les maintenir. Une multitude de corps rivaux et de droits
contraires, empêchaient toute union générale et
toute règle commune. Trop scrupuleux pour con-
tester des souverainetés reconnues, trop prudent
pour les attaquer, saint-Louis employa le seul
moyen qui pouvait lui réussir. Il donna de meil-
leures lois dans ses terres, et la France entière les
adopta ; il corrigea les abus, réprima les désordres,
et la France entière suivit son exemple ; il se montra juste, et la France entière le prit pour juge.
C'est ainsi qu'il marcha du petit au grand, qu'il
changea les institutions sans obstacle, et soumit
les hommes sans réclamer. Son équité fit relever tous les pouvoirs du sien, lui valut la
dépendance des grands vassaux, la soumission
des évêques, et l'hommage lige d'un roi. Sa vie
entière fut consacrée à rendre la justice, en
France comme en Terre-Sainte, dans les parle-

miens de barons, comme sous le chêne de Vin-
cennes : le plus sage et le plus juste devint le
législateur et le maître.

Ainsi Charlemagne fit ses lois d'un seul acte
de sa volonté; saint Louis ne donna les siennes
qu'avec mesure. Chacun d'eux, propre par son
génie et par son caractère à l'accomplissement
de son œuvre particulière, eût été au-dessous
de lui - même, si le hasard l'eût mis à la place
de l'autre. D'un esprit plus prompt et plus
vaste, d'une humeur plus active, Charlemagne
avait besoin de remuer de grandes masses, de
se livrer à de grandes entreprises. Il se fût trouvé
à l'étroit dans le siècle de saint Louis; il eût
tenté au - delà du possible et se fût agité tout
seul. Transporté au siècle de Charlemagne,
saint Louis n'eût pas suffi à l'immensité de cet
empire, au lieu que son génie persévérant le
rendait seul capable de relever peu à peu un
état tombé dans l'anarchie, et d'y rétablir la justice et la soumission. Son œuvre devait aussi
subsister plus long-temps que celle de Charlemagne; car le propre de ce qui s'exécute trop
vite et s'étend trop loin, est de finir bientôt;
tandis que les entreprises accomplies graduel-

lement, et limitées aux forces de l'homme at-
teignent une longue durée. La vaste domination
de Charlemagne avait besoin de lui pour se
maintenir, et ne pouvait pas lui survivre. Saint-
Louis léguait au contraire, à ses successeurs, des
travaux déjà très-avancés, avec tous les moyens
de les poursuivre ; et des siècles avaient à passer
sur sa monarchie avant de pouvoir l'ébranler et
la détruire. Ainsi, chacun d'eux fit ce qu'il était
destiné à accomplir, et arriva au moment où
il était nécessaire ; tant il semble que, selon ses
besoins, chaque siècle a son œuvre et un grand
homme pour l'exécuter.

Charlemagne et saint Louis eurent pourtant
de grandes conformités dans le caractère, et se
ressemblèrent par beaucoup d'endroits. Tous
deux furent pleins de génie et de vertu, si ce
n'est que chacun fut supérieur par une de ces
qualités et inférieur par l'autre. Tous deux firent
les grandes choses avec simplicité, et les dan-
gereuses avec calme. Tous deux constituèrent
l'Eglise pour la mettre à l'abri, le premier, des
attaques de la noblesse, le second, de celles de
Rome. Tous deux, pour affermir leur empire et

préserver la civilisation, portèrent la guerre où la barbarie se montrait menaçante, Charlemagne, au fond du nord, saint-Louis, dans l'Orient. Enfin, tous deux méritèrent l'amour de leurs sujets, l'admiration de leurs ennemis; furent des restaurateurs des lettres, d'illustres généraux, des guerriers héroïques, de puissans législateurs; et sont comptés, par la France, au nombre de ses plus grands rois, et par l'univers, au nombre de ses plus grands hommes.

FIN DE LA SECONDE PARTIE.

NOTES

ET

PIÈCES JUSTIFICATIVES.

AVERTISSEMENT.

(a) L'Institut avait proposé la question en ces termes : Examiner quel était, à l'avénement de saint Louis au trône, l'état du gouvernement et de la législation en France, et montrer quels étaient, à la fin de son règne, les effets des institutions de ce prince. Comme une question ne peut pas servir de titre, il a fallu la traduire en des termes équivalens. Il importe peu d'appeler ce qui existait avant saint Louis, du nom général de gouvernement et de législation, ou du nom particulier de féodalité, puisque cela revient au même.

Voici les changemens qui ont été faits. Dans la première partie, on a ajouté les chapitres sur les terres et sur la décadence de la féodalité; on a amélioré celui des communes, retouché celui du combat judiciaire, et réuni en un seul les divers chapitres relatifs aux lois particulières des fiefs. La division matérielle de ces derniers a été modifiée; mais leur contenu est le même. Dans la seconde partie, il était traité, sous un seul titre, de la jurisprudence des témoignages, des appels, des parlemens, de la puissance législative ; on en a fait autant de chapitres. Les idées qui étaient réduites ont été développées. On a étendu également le chapitre dans lequel on examine les conséquences de la législation de saint Louis. L'auteur a cru de son devoir d'indiquer en quoi l'ouvrage actuel différait de celui qui a eu le suffrage de l'Académie.

PREMIÈRE PARTIE.

CHAPITRE PREMIER.

NOTES

(1) Les gouvernemens fondés par les peuples du Nord ne ressemblent en rien aux gouvernemens anciens. De nouvelles idées sur la propriété, les pouvoirs et les droits donnèrent naissance à de nouvelles combinaisons politiques. Il serait curieux de démontrer comment l'état actuel des peuples modernes tient à l'invasion des Germains; mais cela serait hors du sujet et exigerait un ouvrage à part. Il suffit de dire que des révolutions successives nous ont conduit au système représentatif. Nos premières assemblées depuis les Champs-de-Mars de la monarchie, jusqu'au mode suivi de nos jours, les parlemens Anglais, les cortès Espagnoles, les diètes Polonaises, Hongroises, Suédoises, Suisses, Germaniques, sont dûs à l'établissement général des Barbares en Europe, et au régime des fiefs. Seulement comme la marche des événemens et des institutions n'a pas été la même partout, quelques

nations se sont arrêtées plus tôt et d'autres sont allées plus loin dans le système représentatif.

Quant au jugement par jurés il a long-tems été général en Europe. Cette pratique qu'Alfred-le-Grand prit dans les institutions germaniques, était connue en France sous la 1.re et sous la 2.e race, et a subsisté sous la 3.e, jusqu'à la destruction des seigneuries. Le jugement par échevins et ensuite le jugement par pairs, n'étaient pas autre chose que le jugement par jurés. Le comte et le seigneur remplissaient les fonctions que le grand-juge remplit en Angleterre, et les échevins et les hommes de fief celles de jurés. Lorsque les parlemens royaux succédèrent aux parlemens de barons, il s'établit peu à peu un ordre particulier de personnes pour remplir les tribunaux. Les juges devinrent inamovibles, les pairs disparurent, la procédure cessa d'être publique, et le jugement par jurés ne se conserva qu'en Angleterre, d'où il s'est de nouveau répandu sur le Continent.

(2) Mably, Dubos, Hénault, Boulainvilliers et M. de Montlosier, prennent parti pour ou contre le gouvernement féodal. Montesquieu seul le juge avec impartialité, parce que seul il voit pourquoi il a été et pourquoi il a cessé d'être. On ne se passionne point lorsqu'il s'agit de révolutions qu'on considère comme inévitables, alors on n'attaque ni on n'approuve, on explique.

(3) Plusieurs auteurs, Montesquieu entr'autres, ont pensé que les Francs seuls purent se *recommander* au commencement de la monarchie, et que cette faculté ne fut accordée aux hommes libres qu'à la fondation des nouveaux bénéfices de Charles-Martel. En prouvant que les serfs pouvaient se recommander, obtenir des

bénéfices , être juges, comtés, sagibarons, il deviendra certain que les Barbares et les Romains le pouvaient à bien plus forte raison ; il en résultera encore que les inégalités n'étaient pas aussi prononcées qu'on l'a cru jusqu'ici.

La loi répuaire, titre 53 , dit : « Si quis judicem « fiscalem, quem comitem vocant, interfecerit, 6oo sol. « mulctetur. Quod si. *puer regius* vel *ex tabulario* ad « hunc gradum ascenderit, 3oo sol. mulctetur. » Le *puer regis* et le tabulaire étaient des serfs affranchis. La différence des compositions entre eux et les hommes libres , dans ce cas, est relative à la différence des origines; mais les plus hautes fonctions, celles de comte pouvaient être exercées indistinctement par un homme libre ou un affranchi.

La loi salique, tome 56 art. 2 et 3 , dit : « Si quis « sagibaronem qui *puer regis* fuerat occiderit, sol 3oo « culp. judicetur ; si quis sagibaronem qui *ingenuus* est « occiderit, sol. 6oo culpabilis judicetur ».

Cet article prouve que le *puer regis* n'était point de race libre , il prouve encore que les esclaves étaient taxés dans les compositions et en raison de leur origine et en raison de leur charge.

Charlemagne employait des serfs pour gouverneurs et pour juges de ses domaines : « Ut unusquisque ju- « dex *suum servitium* pleniter perficiat sicut ei fuerit « denunciatum , et si necessitas evenerit quod plus *ser-* « *vire* debeat, tum computare faciat si *servitium* debeat « multiplicare in noctes. *Capit de Villis*, art. VII ».Ces mots.servire, servitium multiplicare in noctes, indiquent que ces juges restaient esclaves ; ce qui le prouve mieux encore c'est l'article 10 du même Capitulaire; il les appelle *majores* maires , comme étant plus que les autres,

et il ajoute : « Qualiscunque major beneficium habuerit
« suum vicarium mittere faciat, qualiter *et Manu opera*
« *et ceterum servitium pro eo adimplere faciat* ».
Leurs fonctions étaient de juger. « Ut unusquisque ju-
« dex in eorum ministerio frequentiùs audientias teneat
« et justitiam faciat, et provideat qualiter rectè familiæ
« nostræ vivant. *Ibid, art.* 56 ». Ces esclaves juges, qui
avaient des bénéfices, *qualiscunque major beneficium
habuerit*, avaient sous leur juridiction, non-seulement des serfs, mais encore des hommes libres. « Volu-
« mus ut de fiscalibus vel servis nostris, sive *ingenuis*
« qui per fiscos aut villas nostras commanent, *diversis*
« *hominibus* plenam et integram, qualem habuerint,
« reddere faciant justitiam. *Ibid. art.* 52 »,

Enfin ce qui démontre encore mieux que les serfs
pouvaient se recommander, devenir vassaux et obtenir
des bénéfices, c'est l'article 56 du capitulaire de Pépin,
roi d'Italie, qui, après avoir désigné tous ceux qui
doivent prêter le serment de fidélité, ajoute : « Fiscalini
« quoque et coloni, et ecclesiastici atque servi qui ho-
« norati beneficia et ministeria tenent, vel in vassalatico
« honorati sunt, etc. an. 793 », je m'arrête croyant la
démonstration complète.

(4) L'abbé Dubos a fait un long ouvrage pour prouver
que les Francs n'avaient point conquis les Gaules, qu'ils
y avaient été reçus à l'amiable, que les Romains avaient
conservé, non-seulement leur liberté, mais encore l'ancienne forme de leur gouvernement ; qu'il n'avait existé
aucune différence politique entre ces derniers et les
Francs, ou que s'il en avait existé une, elle avait été
à leur profit. L'Abbé Dubos a soutenu cette opinion
à l'aide de beaucoup de conjectures, et de quelques
textes dont il a forcé le sens. Comme il avait moins

la vérité en vue que la réfutation du système de Boulainvilliers, il s'est jeté dans ce sujet avec l'intention de plier, non ses opinions aux faits, mais les faits à ses opinions : aussi lorsque les faits le contrarient il les détruit ; lorsqu'ils n'existent pas et qu'ils lui sont nécessaires, il les crée.

Boulainvilliers s'est trompé, il est vrai, sur l'ancien état de la monarchie ; mais ce n'était pas la peine de combattre ses erreurs pour leur en substituer d'autres. Ces deux auteurs ont eu le désavantage de se présenter les premiers, Boulainvilliers surtout. Avant lui on avait inventorié nos institutions, mais on ne les avait pas expliquées. Confondant la France du dixième siècle avec la France du cinquième, il a cru qu'il y avait, dès le temps de la conquête, comme sous la féodalité, une nation souveraine et une nation esclave ; que l'une était composée des vainqueurs et avait formé la noblesse, tandis que l'autre était composée des vaincus et avait donné naissance à la roture. La lecture des historiens et le simple examen des institutions, prouvent le contraire. Les Romains n'ont point été asservis, la noblesse, telle que la présente le comte de Boulainvilliers, est postérieure de quatre siècles à l'établissement des Francs dans les Gaules, et la roture n'a dû son existence qu'aux communes. La féodalité, qui était une institution de politique et non de vanité, et dont les rangs ont été ouverts indistinctement à tous, sans égard à l'origine ni aux conditions, a formé la classe libre, noble et souveraine : des Gaulois y ont été admis ; des serfs, devenus libres, en ont fait partie, elle a été très-mélangée, parce qu'elle a resté plusieurs siècles à se composer. De même la classe, qui depuis a été la tige de la roture, a été formée d'hommes de diverses conditions et appartenant aux divers peuples

qui vivaient sur le territoire des Gaules. A cette époque
on tombait en esclavage aussi facilement qu'on en sortait ; rien n'était plus commun que la perte, le don ou la
vente de sa personne. Les Francs comme les Romains
étaient ainsi réduits en servitude ou s'y plaçaient volontairement. Ainsi les deux classes de la noblesse et de la
roture ont été composées des mêmes hommes, et si l'une
d'elles l'emportait sur l'autre par sa position dans l'état,
aucune n'avait le droit d'affecter une supériorité d'o-
rigine.

Voilà ce que Dubos pouvait avancer contre l'opinion
de Boulainvilliers ; mais il a prétendu que les Romains
non-seulement n'avaient pas été asservis, mais encore
qu'ils n'avaient pas été vaincus, et pour trop prouver il
n'a rien prouvé.

(5) Fixons d'abord le sens de ce mot, *seigneurie* :
lorsque la féodalité fut constituée, il y avait deux choses
sous ce mot, les droits territoriaux et le lien fédéral. Ces
deux choses doivent être soigneusement distinguées, parce
qu'elles ne dépendent pas l'une de l'autre. Les droits territoriaux tenaient à la puissance qui tenait au territoire, tandis que le lien fédéral tenait à l'association réciproque des
personnes. La situation politique de cette époque produisit
par les droits et exigea l'association. Lorsqu'il n'y a pas de
force publique qui règle les rapports et qui discute les
actions, il faut y suppléer de quelque manière les
hommes se rapprochent et se confédèrent ; le plus puissant d'entre eux est celui autour duquel on se groupe.
Mais le plus puissant, qui peut-il être ? celui qui possède
le plus. Les autres, placés sur son territoire, se trouvent
dans son ressort et se mettent sous sa dépendance. Voilà
pour les droits. Quant au lien fédéral, il est facile de conce-
voir que dans un état d'isolement politique on s'unisse pour

se défendre ; c'est l'association particulière à défaut de l'association générale, avec cette différence que dans la dernière chacun des associés a les mêmes droits que les autres, au lieu que chacun figure dans la première en raison de son importance et de son pouvoir : dans l'une, c'est le droit qui domine et les confédérés sont égaux ; dans l'autre, c'est la force, et les confédérés sont classés d'après elle.

Maintenant voyons si les seigneuries existaient au commencement de la monarchie. Le lien fédéral était connu en Germanie sous le nom de *compagnonage*, et les droits territoriaux ont la même date que l'établissement des Francs dans les Gaules. Seulement dès le principe on pouvait posséder les droits sans être vassal, et être vassal sans jouir des droits ; mais comme les droits et le vasselage tendaient à se confondre, parce que les bénéfices étaient la récompense de la fidélité et comprenaient des terres et leurs prérogatives, il arriva que les seigneuries furent à la fois et les droits et le vasselage. C'est alors que Mably les a aperçues, et c'est à cette époque qu'il a fixé leur établissement.

Pour prouver ce que j'avance, il suffit de citer quelques textes relatifs à la distinction des justices, qui ne sont autre chose que les seigneuries.

Pari conditione convenit utsi una centena in aliá centená vestigium (*latronis*), *secuta fuerit et invenerit, vel in quibuscunque fidelium nostrorum terminis vestigium miserit, etc. décret. de Childebert de l'an* 595, *art.* 12.

L'édit de Clotaire porté dans l'assemblée générale de Paris, en 615, prouve que les justices étaient territoriales. Episcopi verò vel potentes qui in aliis possident regionibus, judicies vel missos discussores, de aliis provinciis non instituant nisi de loco, qui justitiam percipiant et aliis reddant. Art. 19.

Ce dernier passage établit de reste, qu'au territoire étaient attachés la justice et tous les droits qui étaient renfermés sous ce mot, puisqu'il est ordonné aux propriétaires de ne prendre les juges qui doivent régir leurs domaines que dans les lieux où ces domaines sont situés. Ces deux ordonnances n'établissent pas les justices seigneuriales, elles les reconnaissent.

Ce qui a induit Mably en erreur, c'est qu'il a examiné les seigneuries indépendamment de la situation politique qui les a produites; sans cela il aurait vu que la situation étant antérieure, les justices ne pouvaient pas être postérieures. Juger les révolutions à part de leurs causes est le grand défaut de Mably dans son bel ouvrage sur l'histoire de France. Il a le mérite de trouver les faits et de bien distinguer les époques; il rapporte tous les changemens opérés d'un règne à l'autre; mais s'il est exact comme historien des institutions, il se trompe souvent comme leur appréciateur. Mably ne voyait pas assez ces grandes tendances sociales qui décident des événemens et qui entraînent les hommes; il voulait dans un temps ce qui n'était possible que dans un autre. Les choses font système, elles s'accomplissent dans un ordre presque inévitable; bien examiner comment elles s'opèrent est le vrai moyen de découvrir pourquoi elles s'opèrent. Mais alors il faut consentir aux nécessités, il faut être sans prévention, et voir les faits, non dans leur succession, mais dans leur dépendance, non à côté les uns des autres, mais les uns dans les autres. Sans cela le meilleur livre est un registre dans lequel les faits sont consignés sans y être jugés.

Malgré cela, l'ouvrage de Mably est ce qu'il y a de plus

complet sur les révolutions législatives de la France. Les quatre principaux auteurs qui ont écrit sur cette matière, ont avancé beaucoup d'erreurs ou laissé beaucoup de lacunes. Boulainvilliers ne savait pas assez, Dubos savait mal, Montesquieu y a mis trop de précipitation, et M. de Montlosier trop de regrets. Seulement on voudrait à Mably un peu plus de portée.

(6) Les sociétés anciennes étaient homogènes ; il a fallu du temps aux sociétés modernes pour le devenir. Celles-ci, composées de plusieurs peuples, ont eu besoin d'un long travail pour arriver à l'unité politique. Dans cette révolution, ce qui devait se faire se fit ; le peuple vainqueur donna ses intérêts, ses lois au peuple vaincu, et le plia à ses mœurs. Je ne parle point des Bourguignons et des Visigoths, qui, barbares comme les Francs, de mêmes mœurs parce qu'ils étaient de même origine, ne différaient d'eux que par quelques dispositions de leurs lois. Ils furent vite entraînés par le mouvement qui tendait à mêler les vaincus aux vainqueurs, et ils furent Francs plus tôt que les Romains.

Dès le commencement de la monarchie l'administration romaine avait fait place au gouvernement des Francs. Lorsque les capitulaires et les traités des deux premières races font mention de la loi des Romains, ils entendent leur loi civile et non leur loi politique. Cette loi civile fut abandonnée insensiblement par ceux qu'elle régissait, et qui trouvèrent beaucoup plus d'avantages à adopter la loi civile des conquérans. C'est ainsi que la fusion eut lieu sans tyrannie, de bon gré et à l'aide du temps : à la fin de la deuxième race l'union était consommée. La langue des Romains subsista seule, corrompue par une prononciation nouvelle, et par l'introduction de mots étrangers mais elle domina dans la langue rustique ou romance, composée d'expressions latines et de quelques termes tudesques : seulement ses inversions disparurent. Elle s'appropria à des intelligences peu avancées, qui, pour comprendre, avaient besoin que l'ordre des mots fût en rapport avec l'ordre des idées. La langue romaine triompha comme plus complette, et par conséquent, comme satisfaisant à tout. Quelques mots germains ne formaient point une langue, aussi les traités des vainqueurs sont écrits en latin ; leurs lois le sont aussi, et sous Charles-le-Chauve le serment qui lui fut prêté par Louis de Bavière, à Strasbourg (*Baluze Capitulaires*, tom. 2 pag. 46), l'est en mots corrompus, mais tous dérivés du latin. Qu'on remarque que les divers conquérans qui ont conservé leur langue ou qui y ont renoncé, l'ont fait suivant que la langue des vaincus était plus ou moins avancée que la leur.

Lorsque deux peuples se mêlent sur le même sol, parce qu'ils y vivent, ils perdent réciproquement ce qu'ils ont de faible et se communiquent ce qu'ils ont de fort ; aussi les coutumes des Francs décidèrent seules de la forme du gouvernement et de la direction sociale. La féodalité comme lien fédéral et comme administration politique, fut due uniquement à eux. M. de Montlosier ne l'a pas pensé ainsi dans sa *Monarchie française* ; il a cru que non-seulement les Romains y étaient pour leur part, mais que l'ancien état des Gaules, y avait aussi contribué.

Après avoir dit que la féo' lité ne tient ni aux bénéfices ni à leur hérédité, ni aux grandes charges de l'état, ni au servage, ce qui est vrai, en considérant non le gouvernement, mais le lien féodal, M. de Montlosier attribue ce dernier aux clientelles. Selon

lui il y avait trois espèces de clientelles, la romaine,
la gauloise, la germaine. Par la première, qui était
civile, des liens s'établissaient entre le client et le
patron, sans que leur condition réciproque fût changée;
par la seconde, qui était servile, le faible faisait hommage au puissant de ses terres, et lui payait redevance;
par la troisième, qui était militaire, des guerriers se
dévouaient à un autre, le suivaient à la guerre et
partageaient les dépouilles des ennemis: ces clientelles,
en se mêlant, produisaient la féodalité. Les hommes
cherchèrent la protection des hommes; les domaines,
la protection des domaines; les hommes et les domaines s'associèrent aux mêmes devoirs et aux mêmes
services; la clientelle gauloise, où l'on donnait ser-
vilement sa terre, s'ennoblit en s'unissant à la clientelle germaine, où l'on donnait son courage.

La clientelle romaine et la clientelle gauloise n'ont
été pour rien dans l'établissement de la féodalité.
La clientelle germaine, l'a seule occasionnée, comme
l'état politique de ce temps a créé la clientelle germaine. M. de Montlosier a confondu deux époques
du vasselage, celle où il avait pour cause la guerre,
et pour but le pillage, et celle où il avait pour cause
le besoin de sécurité, et pour but des concessions territoriales. Personnel dans la première, parce qu'il n'y
avait rien de fixe dans l'état social des Francs, territorial dans la seconde, parce que les Francs s'étaient
établis, il a tenu d'abord aux hommes, et ensuite
aux domaines; cela sera prouvé dans le chapitre des
terres.

(7) Montesquieu dit lui-même : « Les lois féodales
« demanderaient un ouvrage exprès; mais vu la nature

« de celui-ci on y trouvera plutôt ces lois comme
« je les ai envisagées que comme je les ai traitées .»
Esprit des lois , liv. 5o Chap. 4.

(8) « Illuc et Tassilo , dux Bajoariorum , cum pri-
« moribus gentis suæ venit, et, *more francico*, IN MANU
« regis *in vassaticum* MANIBUS SUIS semetipsum com-
« mendavit, etc. » *Annales Pipini inserti Aimoini
continuationi* , lib. 4 cap. 64. Voy. *Marculfe* , liv. 1.
formule 18.

(9) La recommandation était ordinairement suivie
de la concession d'un bénéfice , mais cela n'arrivait
pas toujours , comme il paraît par les lois et par les
historiens de cette époque. *Præceptum primum Lu-
dovici Pii pro Hispanis* , art. 6 *Baluze* tom. 1. *de
Gestis Karoli-Magni* , lib. 1. cap 32.

(10) « *Marculfe*, liv. 1, formule 13, intitulée præcep-
« tum de Lœsiuverpo per manum regis.»

(11) Il en était déjà ainsi à l'époque du traité d'Andely :
« Similiter , y est-il dit, quidquid antefati reges ecclesiis
« aut fidelibus suis contulerint aut adhuc conferre volue-
« rint, *stabiliter conservetur. Baluze,* tom. 1 pag. 14.»

La fin de la formule 14 du livre 1 atteste les changemens survenus dans les bénéfices, et de plus confirme ce
que nous avons avancé sur les droits territoriaux. « In
« lustri viro illi , villa sita in pago illo , sicut ab illo aut a
« fisco nostro fuit possessa, *vel moderno tempore possi-
« detur* , visi fuimus concessisse, *perpetualiter man-
« suram esse jubemus* , cum terris, dominibus, etc. vel
« qualibet genus hominum ditioni fisci nostri subditum,
« qui ibidem commanent, in integrâ emunitate, *absque
« ullius introitu judicum de quaslibet causas freda
« exigendum* etc. Cette formule est intitulée *Prologie*

« *de Cessionibus Regum.* Marculfe écrivait vers l'an 660,
« comme l'a prouvé Jerôme Bignon dans ses notes sur les
« formules (*Baluze* tom. 2 pag. 861): et il ne rappelait
« que les anciennes coutumes. Ego vero, dit-il, dans sa
« préface, hæc quæ apud majores meos juxta consuetu-
« dinem loci quo degimus, didici vel ex sensu proprio
« cogitavi, ut potui coacervare in unum curavi et capi-
« tula prænotavi, *Baluze* » tom. 2 pag. 371.

(12) « Sæva illi fuit contra personas iniquitas, fisco
« nimium tribuens.... ut nullus reperiretur qui gradum
« quem arripuerat potuisset adsumere. *Fredegaire*
« Chron. chap. 27. sur l'an 605. Burgundiæ farones, tam
« episcopi quam cæteri leudes, timentes Brunichildem
« etodium in eam habentes, concilium inientes, etc.
« *Ibid*, chap. 41. an 613.

(13) Varnachaire rendit le premier la mairie inamovible.
Ibid, cap. 42. Flaochatus, le maire suivant, fut nommé
par les grands. *Ibid*, cap. 89. La même chronique dit :
« Flaochatus cunctis ducibus Burgundiæ seu et pontifi-
« cibus per epistolam etiam et sacramentis firmavit uni-
« cuique gradum, honores et dignitatem, seu et amicitiam
« perpetuò conservare. *Ibid* cap. 89. Enfin, regnum Fran-
« corum decidens per majores domûs cœpit ordinari.
« (*De majoribus domûs regiæ*); illis quidem nomina
« regum imponens, ipse, (Pipinus), totius regni ha-
« bens privilegium. *Annales de Metz* sur l'an 695. »

(14) Ebroin avant son exil à Luxueil, où il avait été
confiné par la faction des évêques, avait déjà commencé
à introduire l'usage des précaires des biens de l'église ;
son autorité plus affermie le mit à portée de suivre ce
système juste dans son principe, mais qui dégénéra en
tyrannie sous lui-même et sous Charles-Martel. *Gautier*

de Sibert, variations de la monarchie française, tom.
pag. 220. Ebroin fut assassiné au moment où il venait
de triompher de tous ses ennemis.

(15) « Karolus, plurima juri ecclesiastico detrahens
« prœdia, fisco sociavit ac deinde militibus dispertivit.
« *Ex Chronico Centulensi*, lib. 2.

(16) *Inspectant les comtes, les vassaux, les évêques*,
cap. de l'an 779, art. 21 et cap. 5 de l'an 819, art. 1; *convoquant les justiciers et le peuple*, cap. 5 de l'an 819
art. 28, et cap. de l'an 823, art. 26; *Recevant les plaintes*,
« et omnis populus sciat eos ad hoc esse constitutos ut
« quicunque per negligentiam comitis justitiam suam
« adquirere non potuerit ad eos querelam suam possit
« deferre. Cap. an 823 art. 26; *jugeant les appels*, et
« quando aliquis ad nos necessitatis causâ *reclamaverit*,
« ad eos possimus relatorum querelas ad definiendum
« remittere. *Ibid.* art. 26; *punissant les iniquités*, et si
« fortè episcopus aut comes aliquid negligentius in suo
« ministerio egerit, per istorum admonitionem corrigatur.
« *Ibid; faisant connaître les lois et surveillant leur
« exécution*, ea quæ per capitula nostra generaliter de
« quibuscunque causis statuimus, per missos nota fiant
« omnibus, et in eorum procuratione consistant ut ab
« omnibus adimpleantur. *Ibid*, art. 27

(17) « Vill's regias quæ erant sui et avi et tritavi fide-
« libus suis tradidit eas in possessiones sempiternas : fecit
« hoc diù tempore. *Tegan de Gestis Iud. pii*, rempu-
« blicam penitùs annulavit. *Nitard.* lib. 4.

(18) Articles 3 et 4 du capitulaire de l'an 877 apud
Carisiacum par lesquels Charles-le-Chauve consacre
l'hérédité des fiefs et des offices avant de partir pour

Rome. Il ne parle pas dans ce capitulaire en empereur, mais en suppliant qui cherche à s'assurer de la fidélité de ses sujets, à force de condescendances.

(19) Ce prince eut la fantaisie de se faire couronner empereur d'Italie. Il en coûta cher à lui et à la royauté : car lui fut mis en fuite par Carloman de Bavière, et il périt en route, et la royauté fut réduite à rien par l'hérédité générale des charges et des bénéfices.

(20) Et volumus ut cujuscunque nostrum homo, in cujuscunque regno sit, cum seniore suo in hostem vel aliis suis utilitatibus pergat; nisi talis regni invasio quam lantuveri dicunt, quod absit, acciderit, ut omnis populus illius regni ad eum repellendum communiter pergat. Conventus primus apud Marsnam adnunciatio Karoli, art. 6.

(21) Ce droit fut accordé lorsque Charles-le-Chauve essayait de tout pour ramener à lui les Francs et les Aquitains, qui s'étaient révoltés.

Et mandat vobis noster senior (Karolus) quia si aliquis de vobis talis est cui suus senioratus non placet, et illi simulat ut ad alium seniorem melius quàm ad illum acaptare possit, veniat ad illum, etc.... et quod deus illi cupierit et ad alium seniorem acaptare potuerit, pacificè habeat. ad Francos et Aquitanos missa de Carisiaco, art. 13.

(22) C'est de cette époque que datent les grands fiefs, et c'est alors que se multiplièrent les sous-inféodations. Plusieurs auteurs ont fixé au règne de Charles-le-Chauve l'établissement de la féodalité, non sans quelque apparence : elle n'a pas commencé, mais elle a été consommée sous lui. En cédant à jamais ses domaines et ses charges, la royauté se perdit. Tout pouvoir héréditaire rend indépendant. Les duchés, les comtés, les

seigneuries, se firent une existence à part, et la France
se composa d'une multitude d'états sans union.

(23) « On donna en fief, dit Brussel, la gruerie des fo-
« rêts, le droit d'y chasser, une part dans le péage ou le
« roage d'un lieu, le conduit ou escorte des marchands
« venant aux foires, la justice dans le palais du prince
« ou haut seigneur, les places de change dans celles des
« villes où il faisait battre monnaie, les maisons et les
« loges des foires, les maisons où étaient les étuves pu-
« bliques, les fours bannaux des villes, enfin jusqu'aux
« essaims des abeilles qui pouvaient être trouvés dans
« les forêts.... Quelques seigneurs s'avisèrent d'ériger
« en fief l'affranchissement de certaines coutumes et la
« cession de quelque droit, etc. etc. »

(24) Le nom de *leude* avait déjà été remplacé par
celui de *vassal*, dès le commemcement de la seconde
race. Quant aux dénominations de *fief*, de *baron*, elles
ne furent adoptées qu'à l'époque dont nous parlons. En
lisant les capitulaires, on ne voit plus le nom de *leude*
depuis Pepin, et l'on n'aperçoit point encore celui de
fief et de *baron*. Sous Charles-le-Chauve et ses successeurs, le titre de baron indiqua la puissance et fut commun à tous les grands feudataires. On le donna même
aux saints; témoins le baron Saint-Denis et le baron
Saint-Georges, le bon chevalier. Tous les dérivés du
primitif *bar* font connaître que l'acception de ce terme
était *force*, *puissance*. Tels sont les mots *barbe*, pour
signifier la virilité, *barbares* les guerriers formidables,
bardit le chant des exploits, *bardes* les chantres des exploits, *barri* rempart en idiôme provençal, *barrière*,
barre, *bardé*, pour cuirassé, etc. etc. et les villes de
Bar-le-Duc, de Bar-sur-Ornain, de Bar-sur-Aube, etc

CHAPITRE II.

NOTES.

———

(1) Boulainvilliers voit certaines prérogatives accordées aux Francs comme peuple , ce qui est vrai ; mais il conclut que la noblesse, les distinctions , les charges leur appartenaient exclusivement , ce qui est faux. Dubos , voit les Romains élevés aux plus hautes dignités , et admis à la table du roi , ce qui est vrai ; mais il en conclut qu'il n'y avait qu'un seul ordre de personnes libres , et qu'il n'existait aucune inégalité entre les Gaulois et les Francs , ce qui est faux. Montesquieu voit la composition des austructions triplée, ce qui est vrai ; mais il en conclut que la classe des austructions formait la noblesse, ce qui est faux. Ces divers auteurs ne tenant compte que d'un fait , et se décidant d'après lui, ne pouvaient que se tromper.

(2) « Si quis ripuarius advenam Francum interfe- « cerit , 200 solidis culpabilis jud icet ur ;siquis Bur- « gundionem, 160, si advenam Romanum 100; si « advenam Alemannum , seu Frisionem , vel Bajuva- « rium, aut Saxonem 160.» *Lex ripuariorum*. Tit. 36.

(3) Chaque peuple avait sa loi et ses juges ; « Hoc « autem constituimus ut infrà pagum , tam Franci

« Burgundiones , Alamanni , seu de quâcunque na-
« tione commoratus fuerit, in judicio interpellatus,
« sicut lex loci continet ubi natus fuerit , sic res-
« pondeat. *Lex ripuariorum*, tit. 31. Inter Romanos
« negotia causarum romanis legibus præcipuimus ter-
« minari ». *Constitutio generalis Chlotario regis*,
an 560. art. 4. Voilà pour les lois particulières : quant
aux juges , tous ceux qui connaissent les formules de
Marculfe et les capitulaires , savent que la classe des
hommes libres , composée de barbares et de Romains,
était jugée par le comte. Les Francs l'étaient par le
roi : voici quelques preuves à l'appui. « Ut unus quis-
« que judex criminosum latronem ut audierit, ad ca-
« sam suam ambulet , et ipsum ligare faciat ; ità ut
« *si Francus fuerit, ad nostram præsentiam dirige-*
« *tur*, et si debilior persona, in loco pendatur. »
Decretum Childeberti regis , an 595 art 8. Le traité
d'Andely parle de ce qui a été décidé par le jugement du roi Gontran et des Francs. l'art. 30 du capitulaire premier de l'an 809 fait aussi mention du
jugement des Francs.

Cette règle souffrait exception dans deux cas. A
cette époque , la justice était une pacification exigée
entre les parties par leur supérieur commun. Les
Francs propriétaires d'alleux ou bénéficiers n'ayant
pas d'autre supérieur que le roi ne pouvaient pas
avoir d'autre pacificateur ; les évêques , les abbés et
les comtes , étant dans la même position , à cause de
leur dignité ou de leur charge, avaient aussi le roi
pour juge de leurs différens. « Ut episcopi, abbates ,
« comites, et *potentiores, quique*, si causam inter se
« habuerint ac se pacificare noluerint, ad nostram ju-
« beantur venire præsentiam, neque illorum contentio

« alicubi finiatur. ». cap 3 an 812 art. 2. Mais si les francs n'étaient ni bénéficiers, ni propriétaires de seigneuries allodiales, s'ils demeuraient dans le bourg régi par le comte ou dans un domaine royal ; privés alors de l'indépendance et du pouvoir attachés au territoire, ils étaient placés sous la juridiction du comte, ou sous celle du juge royal. « Omnes populi « ibi commanentes, tam *Franci*, Romani, Burgun- « diones, vel reliquæ nationes, sub tuo regimine et « gubernatione degant et moderentur, et eos recto « tramite secundum, legem et consuetudinem eorum « regas. *Marculfe*, form. 8 liv. 1. *charta de ducatu*, « *patriciatu, vel comitatu*, Franci autem qui in « fiscis aut villis nostris commanent quidquid com- « miserint secundum legem eorum emendare debent. » *Cap. de villis* art. 4.

(4) Les esclaves en Germanie, ne formaient qu'une classe. Employés à la culture de la terre, ils étaient égaux entr'eux, et libres en certaines choses, « servis « non in nostrum morem descriptis per familiam mi- « nisteriis utuntur, suam quisque sedem, suos penates « regit, frumenti modum dominus aut pecoris, aut « vestis, ut colono, injungit ; et servus hactenùs « paret ». *De moribus germaniæ.*| En France, les emplois serviles augmentèrent, aussi s'établit-il des distinctions entre les esclaves. On peut en remarquer un grand nombre dans les capitulaires, et dans les codes des peuples barbares; mais les deux princi- pales sont celles que nous indiquons. Les serfs culti- vateurs avaient plus de prix que les autres ; leur dépendance était moindre et leurs compositions étaient plus fortes, nous avons employé à leur égard, pour

les mieux désigner, la dénomination de servi glebæ, qu'on leur donna plus tard. A cette époque ils étaient appelés, homines regii, fiscalini, ecclesiastici, liti, casati, etc. Leur séparation d'avec les autres était bien marquée, en voici quelques preuves.

« Si quis de *potentioribus servis*, qui per diversa « possident habetur suspectus, etc., » *Décret. de Childebert*, an 595 art. 19.

« De traditionibus autem atque venditionibus quæ « inter partes fieri solent, præcipimus ut nullus ex his « fratribus suscipiat de regno alterius a quolibet homine « traditionem seu venditionem rerum immobilium, hoc « est terrarum vinearum, atque silvarum, *servorum-* « *que qui jam casati sunt*..... excepto auro, ar-« gento, etc.... et *mancipiis non casatis*, et his spe-« ciebus quæ propriè ad negotiatores pertinere nos-« cuntur. » *Charta divisionis regni Francorum*, art. 11.

Les compositions qui déterminaient la valeur pécuniaire d'un homme d'après son importance, rendent cette différence plus saillante encore. « Si quis ingenuus « hominem ingenuum ripuarium interfecerit 200 sol. « culpabilis judicetur; si quis *servum* 36 sol. Si quis *ho-* « *minem regium*, 100 sol. si quis *hominem ecclesiasti-* « *cum*, 100. *Loi ripuaire*, tit. 7,8,9,10. Cette loi entend par homo regius et homo ecclesiasticus le serf colon du roi et le serf colon de l'église. Elle fixe ailleurs les compositions dues pour les meurtres d'un clerc, d'un sous-diacre, d'un diacre, d'un prêtre, d'un évêque. « Si quis « clericum interfecerit juxtà quod nativitas ejus fuit, com-« ponat, si servus sicut servum, si regius aut ecclesias-« ticus sicut alium regium aut ecclesiasticum, si litus

« sicut litum, si liber sicut alium ingenuum. *Ibid*; tit. 36 art. 5. L'opposition de servus, ecclesiasticus, regius , litus avec liber, prouve que les premiers n'étaient pas libres, mais qu'il y avait une différence dans leur servitude.

« Qui hominem Francum occiderit, sol. 600 compo-
« nat ; qui hominem ingenuum, 200; qui litum 100; qui
« *servum* 50. Cap. 3 de l'an 813, art. 2, 3, 4, 5.

Les esclaves cultivateurs qui, quoique égaux, avaient différens noms, à cause des maîtres auxquels ils appartenaient, payaient tribut, devaient une partie de leur temps, et étaient libres dans tout le reste.

« Servi *regii* seu *fiscalini* dicti, quorum vectigal et
« ususfructus ad fiscum pertinebant, erant et *ecclesias-*
« *tici* qui operas suas ecclesiis pendebant. *Joachinus*
« *Vadianus de collegiis monasteriisque Germaniæ ve-*
« *teribus* lib. 2 pag. 75. *Beneficiarii servi* ad beneficium
« addicti, cum prædio ad beneficiarium transiebant. *Du-*
« *cange* voc. *servus.* Voilà pour leur nom, voici pour
leurs services. « Servi autem ecclesiæ *tributa sua* le-
« gitimè reddant. *Lex Alemannorum*, vol. 22. Servus
« autem ecclesiæ *secundum possessionem* suam red-
« dat *tributa*, opera verò *tres dies* in hebdomada *in*
dominio operetur , tres verò sibi faciat ». *Lex Ba-*
juvariorum tom. 14. etc. etc.

(5) Le nombre des Francs, peu considérable au commencement de la monarchie, s'accrut par ce moyen ; un article de la loi salique apprend que c'était en adoptant la loi des Francs qu'on était considéré comme Franc. « Si quis ingenuus *Francum* , aut *Barbarum*,
« aut *hominem*, occiderit qui lege salicâ vivit; sol-
« 200 culpabilis judicetur ». *Lex sal.* tom. 45, art 4.

Le mot *hominem* ne peut se rapporter qu'aux Romains;
il n'y avait en Gaules que des Francs, des Barbares et
des Romains, tous sont désignés dans cet article. Voici
un autre texte qui indique le même usage, et qui
accorde également aux Romains la faculté de changer
de loi, c'est-à-dire de cesser d'être Romains. « Volumus
« ut cunctus populus romanus interrogetur; quali
« lege vult vivere ; ut tali quali professi fuerint vivere
« velle, vivant. Quod si offensionem contrà eamdem
« legem fecerint, eidem legi quam profitentur subja-
« cebant. » *Lothaire* 1.er an 824.

(6) *Loi ripuaire*, tit. 57 art. 1. *Marculfe*, liv. 1,
formule 22.

(7) *Loi ripuaire*, tit. 58, art. 1.

(8) *Le premier était un véritable affranchissement*,
« Nullatenus eum (servum denarialem), permittimus
« in servitium inclinare, sed sicut *reliqui ripuarii*
« *liber*, permaneat. *Lex rip.*, tit. 57, art. 1. Quod
« si denarialem eum facere voluerit, licentiam habeat,
« et tunc 200 sol, valeat ». *Ib.* tit. 62, art. 20.

Le second n'était qu'une manumission. Voy. la
note suivante.

(9) Les compositions de ces affranchis ne sont pas
fixées de la même manière, dans les divers codes barbares. Néanmoins dans tous, elles sont en rapport
avec les compositions des ingenus et des esclaves inférieurs, la loi des ripuaires qui porte la composition
du *dénarié* à 200 sous, laisse celle du tabulaire à 100,
comme celle du serf-royal, et du serf ecclésiastique.
Tit. 61, art. 2. La loi des Bavarois la fixe à 40 sous, et
celle du serf, à 20 sous. Tit. 4, art. 11. et tit. 5, art. 18.

Ces affranchis restaient dans la dépendance de l'église, « et tàm ipse quàm et omnis procreatio ejus, « *liberi* permaneant, et sub tuitione ecclesiæ consis- « tant, vel omnem reditum status aut *servitium* ta- « bularii eorum ecclesiæ reddant ». *Lex rip.* (tit.) 58 art 1. Ils ne pouvaient pas tester, *ibid* art 4; ni porter témoignage, jusqu'à la troisième génération. *Cap*. *incerti anni*, tit. 15. *Baluze*, tom. 1 pag. 154. Ils cultivaient les terres comme colons, avec les redevances et les charges des serfs de la glèbe. *Loi des Allemands*, tit. 23, art. 1. Cap. 3, an 803 art. 10. *Loi des Bavarois*, tit. 14 art. 1.

(10) « *Episcopi, abbates* atque *abbatissæ* advocatos « atque vice dominos centenariosque legem scientes et « justitiam diligentes, pacificosque et mansuetos ha- « beant ». *Cap. Kar.-Mag.*, an 82, art. 13; et une infinité de textes, plus concluans les uns que les autres.

(11) *Tacite, mœurs des Germains*, chap. 7. Dans les lois et les capitulaires, les évêques figurent avant les ducs et les comtes, et leurs compositions sont plus fortes. La loi ripuaire accorde 900 sous de composition à l'évêque, Tit. 36, art. 9, tandis que le comte n'en a que 600. Tit 53, et le simple ripuaire que 200. Tit. 7.

(12) « Consecratio episcopos et reliquos Domini sa- « cerdotes, tam è servili quàm à cæteris adscriptis « conditionibus, *semper liberos facit*; idcirco præci- « pimus ut nullus ab eis nisi divina requirat servitia ». *Lib.* 6, *capit.* art. 118.

(13) Les évêque n'étaient pas alors Français, mais tous Gaulois, ou d'autre nation que la française. *Le*

père Daniel, dans la vie de Thierry II. Peu de Francs savaient lire et écrire, moins encore connaissaient la langue latine.

(14) Voici comment s'exprime à ce sujet dom Ruinart, dans sa préface sur Grégoire de Tours. « Qui « ex veteribus Gallis, seu, ut tùm loquebantur Ro- « manis, aut opibus præstabant aut erant ex antiquis « familiis orti, dignitates etiam præcipuas sicut ve- « teres Franci obtinuerunt, factique sunt comites et « duces, quos adeò passim legibus his vocibus de- « signatos Francos aut Romanos genere. » *Ruin; in præf.* op. Greg., sect. 12. A l'appui de cette opinion, je ci- terai quelques faits. Clovis donna une ville en bénéfice au Romain Aurélien, qui avait négocié son mariage avec Clotilde. *Hist. Franco.* cap. 18, *Lupus,* qui, sous le règne de Sigebert, petit-fils de Clovis, était duc de la champagne de Reims, *Greg. Tur.* lib. 4, chap. 49, et lib. 6 chap. 4, était Romain. Il y avait un Ro- main parmi les généraux que Dagobert envoya contre les Gascons. *Fredeg. chron,* chap. 78. Un seul cha- pitre de Grégoire de Tours fait mention de trois Romains revêtus du patriciat par Gontran, qui avait la Bourgogne dans son partage, *Greg. Tur.* lib. 4, chap. 45. Il y a plus, deux Romains obtinrent suc- cessivement la mairie du palais, «cum jam *Protadius,* « genere Romanus, vehementer ab omnibus venera « retur. Patricius ordinatur instigatione Brunichildis, « anno decimo Theodorici *Protadius* Major-domus sub- « stituitur. *Fredeg. chron.* chap. 24 et 27 ad an. 604 « et 605. Anno undecimo regni Theodorici Major- « domus subrogatur Claudius genere Romanus ». *Ibid* chap. 28.

Quant à l'admission des serfs à ces hautes dignités, l'exemple de Leudaste suffit pour la prouver. Esclave de la dernière classe, puni de la perte d'une oreille pour avoir quitté son maître ; il devint, sous le règne de Caribert, comte des écuries, et ensuite comte de Tours. Qu'on lise d'ailleurs la note 3 du chapitre 1, et le capitulaire 3, an 813, art. 6, qui dit : « Si « quis comes, in suo comitatu occisus fuerit, in tres « Weregildos, *sicut sua nativitas est* componere « faciat ».

(15) Les Antrustions ne pouvaient pas former la noblesse : leur titre ne se transmettait point, il ne leur donnait ni rang ni pouvoir ; seulement le prix de leur composition était augmenté, ce qui rendait leur personne plus sure en rendant le meurtre plus coûteux. Ne pouvant pas interdire les violences, on cherchait à les réprimer, en les taxant fort haut. La triplicité des compositions avait plusieurs motifs, elle était établie en raison des fonctions pour le duc, le comte, l'évêque etc ; en raison du respect dû à la sauve-garde royale pour l'Antrustion et le Romain admis à la table du Roi ; en raison de l'intérêt du pays, pour celui qui marchait contre l'ennemi, *loi salique*, tit. 66 art. 1 ; en raison du besoin de la sécurité et de la difficulté de la défense, pour celui qui était assailli et tué dans sa maison, *ibid* tit. 44, art. 1, pour celui qui acquittait une pénitence publique, liv. 4 *des capitulaires*, chap. 13, pour les prêtres, epist. *Karoli-Magni* et *Baluze*, tom. 1 pag. 462, pour les vols commis dans la cour du duc, quia domus ducis, *domus publica est* ; *loi des Bavarois*, tom. 13, art. 1, etc. On voit par là que la triplicité des compositions, emporte des idées différentes,

mais sans indication de classes , elle ne forme que des catégories accidentelles et variables.

(16) *Esprit des lois*, liv. 30 chap. 25.

(17) *Établissemens de saint Louis*, liv. 1 chap. 143.

(18) La première lettre d'anoblissement est de Philippe-le-Hardi , en 1271. Le mouvement ascendant qui porte les classes inférieures vers les classes supérieures , était beaucoup plus rapide depuis la création des communes. Pour satisfaire les ambitions nouvelles on n'avait plus ni fiefs ni pouvoir à donner, on conféra des distinctions honorifiques. Le besoin était le même, mais on le contentait d'une manière différente. Lorsque la société se décomposait , on accordait à tous ceux qui s'élevaient une partie de la souveraineté; maintenant qu'elle se recomposait , on ne leur accordait que des titres. L'ordonnance de Blois, 1519 , statua d'une manière définitive que la possession des fiefs n'anoblirait plus.

(19) Les marquis , étaient des officiers institués pour la garde des frontières. « Quomodo *marcha* nostra « sit ordinata et quæ per se fecerunt *confinales nostri*, « specialiter istis præteritis annis, cap. 4 *incerti anni*, « art. 3, *Baluze*, tom. 1 pag. 529. De illis homini- « bus non recipiendis à *marchionibus* nostris qui « seniores fugiunt pro damna quæ eis facta habent. » *Ibid* , art. 5.

~~~~~~

CHAPITRE III.

(1) Ces deux époques doivent être soigneusement distinguées , le passa e de l'une à l'autre a été gra-
~~~~~~

duel. On n'a point vu tout d'un coup les rapports personnels devenir territoriaux, mais on a vu peu-à-peu, les uns céder la place aux autres. Si l'on considère la France sous la première race, on trouve une loi et une langue à chaque peuple, des charges amovibles et des distinctions personnelles; si on la considère au commencement de la 3.me race, on trouve la langue et la loi soumises à la terre, le pouvoir et les distinctions, ne dépendant plus de l'homme mais du fief. Ce fait important d'une nation propriétaire, qui attache ses usages au sol, comme elle les avait attachés aux personnes, n'a pas été assez remarqué.

(2) « Agriculturæ non student... neque quisquam « agri modum certum aut fines habet proprios; sed « magistratus ac principes in annos singulos gentibus, « cognationibusque hominum, qui unà coïerunt, quan- « tum et quo loco visum est, agri attribuunt atque « anno post, alio transire cogunt ». *Cæsar, de Bell. gall.* lib. 1, chap. 22.

« Agri pro numero cultorum, ab universis in vices « occupantur, quos mox inter se secundum dignatio- « nem partiuntur.. arva per annos mutant et superest « ager, nec enim cum ubertate et amplitudine soli « labore contendunt, ut pomaria conserant et prata « separent et hortos rigant : sola terræ seges impe- « ratur ». *tac. germ.* 40.

L'interruption de la propriété, était une conséquence de la situation des Germains, et leur incurie pour la propriété la conséquence de son interruption : ils ne se partageaient pas le sol de peur de s'attacher à lui, et ils ne le cultivaient pas, parce qu'ils ne lui étaient point attachés.

(3) M. de Montlosier, dans le 1.ᵉʳ volume de la Monarchie française.

(4) De terrâ verò salicâ etc. Art. 6 du titre 62, intitulé, *de Alode*.

(5) M. de Montlosier dans le 1.ᵉʳ vol. de la Monarchie frnçaise.

(6) « De terrâ verò salicâ, nulla portio hæreditatis « mulieri veniat, sed ad virilém sexum tota terræ « hæreditas, perveniat. *Loi sal.* tit. 62 art. 3.

« Quum virilis sexus extiterit, fæmina in hære- « ditatem aviaticam non succedat. *Lex. rip*, tit 56 art. 3.

« Hæreditatem defuncti filius, non filia suscipiat; « si filium non habuit qui defunctus est, ad filiam pe- « cunia et mancipia, terra verò ad proximum paternæ « generationis consanguinem pertineat ». *Lex ang*, et *Werin*, tit. 6.

(7) Les mâles seuls, continuaient la famille. Les filles, à une époque où toutes trouvaient des époux, entraient dans une autre, et par conséquent n'étaient rien pour elle. Cet esprit de famille si nécessaire chez les peuples, qui en sont au point où se trouvaient les Germains, avait dicté leurs lois de succession. La représentation de la famille avait ses dangers, il fallait qu'elle eût ses profits. L'héritier était chargé des vengeances, (*Lex. ang.* et *Werin*, tit 6, art. 5). Une femme n'était point propre à cela; aussi, ce ne fut que lorsque l'esprit de famille s'affaiblit que les femmes furent admises à l'héritage paternel.

(8) Dotem non uxor marito sed uxori maritus offert. *Germ.* 18, *lex wer.* 1, 3. tit., 1 chap. 2. *Lex. sax.* tit. 9, lib., 7, cap. art. 17.

(8) Vita omnis in venationibus atque in studiis rei militaris consistit, *Cæs. de bell. gall.* lib. 6, chap. 21. Tout était tourné vers la guerre : leurs jeux étaient militaires, les actes de la vie civile étaient réglés militairement, la majorité était constatée par la prise d'armes ; avant que les jeunes Germains, fussent capables de servir, ils faisaient partie de la famille, dès qu'ils le devenaient ils faisaient partie de la république.

(9) « Quicunque beneficium suum *occasione proprii* « desertum habuerit, et intrà annum postquam ei à « comite vel misso nostro notum factum fuerit, illud « emendatum non habuerit ipsum beneficium amittat. » Cap. 1. 4 art. 38. cap. 1 an 810, art. 13. cap. 1 lib. 5., art. 81. cap 1 *incerti anni*, art. 49 *Baluze*, tom. 1 pag. 518.

⁓⁓⁓⁓⁓⁓⁓⁓⁓⁓⁓⁓⁓⁓⁓⁓⁓⁓⁓⁓⁓⁓⁓⁓⁓⁓⁓

CHAPITRE IV.

(1.) Ce droit fut territorial plutôt que les autres. La raison en est simple, l'action de juger, avant d'être un pouvoir exercé au nom de la société et pour elle, est un arbitrage simple et volontaire. En Germanie, cet arbitrage appartenait à l'assemblée générale; la nation peu nombreuse et répandue sur un territoire étroit, était souvent convoquée, elle pouvait recevoir toutes les plaintes et suffire à toutes les conciliations. Après la conquête elle se multiplia, sa dispersion sur un vaste territoire, rendit les assemblées plus rares, et les jugemens moins fréquens. Les contestations n'étaient pourtant pas diminuées, et le besoin de les terminer n'était pas moins urgent. Il fallait dès-lors des arbitres plus rapprochés des parties; ces arbitres furent les grands possesseurs de terres. Le sol leur avait été distribué parce qu'ils étaient puissans; la justice s'attacha au sol par le même motif que le sol s'était attaché à la puissance. Les assemblées générales ne cessèrent pas de suite de porter des sentences, mais de jour en jour elles perdirent les attributions judiciaires. Les justices particulières s'étendirent aux dépens de la justice générale, et cela se conçoit : les besoins sociaux se satisfont toujours de la manière la plus simple et la plus prompte; les justices particulières étaient plus rapprochées, moins coûteuses, elles prévalurent. Tant que les progrès de l'isolement politique continuèrent, les justices seigneuriales se multiplièrent; à l'anarchie féodale elles existèrent seules. Lors du retour à la centralisation, elles commencèrent à décliner; et par la même loi, en sens inverse, la justice générale se recomposa à leurs dépens.

(2) « Luitur homicidium certo armentorum ac pe- « corum numero, recipitque satisfactionem universa « domus; *Germ.* 21. Levioribus delictis pro modo « pœna : equorum pecorumque numero convicti mulc- « tantur: pars mulctæ regi vel civitati, pars ipsi qui « vindicatur, vel propinquis ejus exsolvitur ». *Germ* 12.

(3) Deux cas étaient exceptés, parce qu'ils intéressaient la nation entière, la trahison ou la lâcheté. « Proditores et transfugas arboribus suspendunt: igna- « vos imbelles et corpore infames, cœno et palude « injecta insuper crate mergunt ». *Germ.* 12.

(4) *Germ.* 12. (5) Ib. (6) Ib. (7) Cette part fut

nommée *Fredum* , voyez les capitulaires *passim.* (8) Cap. an 829, art. 2. Ib. art. 3, etc. (9) Voyez la note 5 du chap. 2 , 1.re partie. (10) Voyez la note 5 du chap. 1.

(11) Ceci n'a besoin d'être prouvé que pour les codes barbares ; « Si quis hominem innocentem et absentem « *apud regem accusaverit,* etc, *lex sal.* tit. 22., si « quis *judicem fiscalem quem comitem* vocant in- « terfecerit. etc. *Lex rip.* tit. 53, tabularii non ali- « cubi nisi ad ecclesiam ubi relaxati fuerunt *mallum* « *teneant, Lex rip*, tit. 58, art. 1, et si forsitan Fran- « cus aut Longobardus habens beneficium, *justitiam* « *facere* noluerit, etc. » *cap. excerpta lege Longobar-* « *dorum,* art. 10, *Baluze,* tit. 1, pag. 544.

(8) Les textes qui attribuent ces fonctions aux comtes , sont si nombreux , et les divers auteurs sont si unanimes à cet égard , que nous nous croyons dispensés de citer des autorités.

(13) L'évêque et l'abbé faisaient juger leurs hommes, et les faisaient conduire au combat par des avoués ou par des vidames. Ces deux titres signifiaient la même chose, le mandat ; mais l'un exprimait plus particulièrement la procuration, et l'autre la cession de l'autorité.

(14) Les lois et les capitulaires fixent avec la plus grande équité les poursuites et leurs délais ; les satisfactions pécuniaires selon les délits ; les services de cour et de guerre ; les diverses amendes ; et même les redevances domaniales, telles que les cens et les péages.

(15) Cap, an 829 , art. 2. *Ib.* art. 3. *Vita S. Caroli Flandriæ comitis,* cap. 5.

CHAPITRE V.

(1) *Claim* vient du mot clamor, qui, sous la première et la seconde race signifiait plainte. Chez les peuples jeunes tout est en action, comme chez les peuples vieux tout est en formules. On désignait la poursuite judiciaire par sa circonstance la plus saillante, et on l'appelait de son nom. *Voyez les Capitulaires passim.*

(2) *Beaumanoir*, chap. 3, pag. 17. (3) *Ib.* (4) *Id.* chap. 39, pag. 206. (5) *Id.* chap. 61, pag. 312 et 315, chap. 67, pag. 338.

CHAPITRE VI.

(1) *Tacite de moribus Germanorum*, 10. (2) *Lex Alaman tit.* 84, cap. 1, an 819, art. 10.

(3) Le serment fut proscrit à cause de ses abus. (*Cap. excerpta ex lege Longobardorum*, an 801, art. 34, *Baluze.*) Ce moyen, tout au profit des accusés, s'usa parce qu'il fut trop employé. C'est ainsi que les parjures décréditèrent les témoignages, comme nous le verrons dans la note suivante. Le serment était une fin de non-recevoir que l'accusé opposait à l'ac-

cusateur. Comme cette épreuve mettait le jugement à la disposition de l'accusé, on voulut lui en substituer d'autres, indépendantes des volontés des parties. Le combat l'emporta sur les autres épreuves, telles que l'eau bouillante, le fer chaud, la croix, par ce qu'il était en apparence plus juste, et au fond plus approprié aux mœurs guerrières de cette époque. On ne fit que changer d'abus, mais du moins dans le combat, il y avait quelques chances pour la justice, tandis que dans le serment il n'y en avait point.

(4) Le système de compurgation était la suite du serment. Un homme était accusé, il niait. Sa dénégation paraissant suspecte, on lui demandait des cautions de sa véracité ; ces cautions étaient ceux que les lois du tems appellent *sacramentales*, parce qu'ils juraient avec l'accusé, ou *compurgatores*, parce qu'ils l'aidaient à se justifier. Leur nombre variait selon les crimes ; mais le plus coupable ne manquait jamais de trouver de ces complaisans, autant qu'il lui en fallait pour attester sa sincérité et répondre de son innocence. Aussi le témoignage fut compromis, et il éprouva le sort du serment.

(5) Le doute est ce qui explique toutes les bizarreries de cette législation. Avec les abus, les incertitudes augmentent et la défiance se glisse partout. Alors le combat est universel. Ce qui démontre mieux encore que le doute régit cette matière, c'est que, chez certains peuples, il y avait progression dans les épreuves, comme il y a gradation dans le doute. La loi des Thuringiens et celle des Angles, n'admettaient la preuve de l'eau bouillante pour la femme adultère que si elle ne trouvait pas de champion ; et celle des Ripuaires pour un accusé,

que s'il ne trouvait pas de témoins. Comme le champion et les témoins étaient faciles à trouver, leur défaut prouvait le crime. On n'accordait alors qu'une épreuve dont le succès était aussi peu probable que l'innocence de l'accusé. Cependant, comme les choses les plus vraisemblables sont quelquefois fausses, on laissait à Dieu de le faire connaître par un miracle. *Voyez* la Loi des Angles, chap. 14, celle des Thuringiens, tit. 14, et celle des Ripuaires, chap. 31, art. 5.

(6) *Beaumanoir*, chap. 61, pag. 308.

(7) Pour les Formes, *Beaumanoir*, chap. 64, pag. 328; formule des Combats à outrance, *Laurière*, tom. 1, pag. 435; *Assises de Jérusalem*, chap. 104, pag. 83; pour les suites, *Établissemens de saint Louis*, liv. 1, chap. 3, 5, 81, 82, 901, 108, formule *ib. Assises de Jérusalem. ib.*

CHAPITRE VII.

(1) » Judiciis non est quemlibet judicare, vel condam- «nare absque legitimo accusatore, cap. liv. 6, art. 381. »

(2) *Grégoire de Tours*, liv. 7, chap. 11, pag. 377. — Liv. 10, chap. 27, pag. 452 et 453. — Liv. 5, chap. 33, pag. 342, etc.

(3). *Germania*, cap. 21. — Lex ang. et Werin., tit. 6, § 5; et les codes barbares, dans lesquels les compositions pour les injures, pour les coups et pour les meurtres, ne sont que des moyens de rétablir la paix. (4) Cap.

2, an. 813, art. 20 (5) Art. 5 *de l'Annonciation de Charles-le-Chauve, dans l'assemblée de Mersen. Baluze*, tom. 2, pag. 44. (6) *Beaumanoir*, chap. 59, pag, 300, 301, 303.

CHAPITRE VIII.

(1) Le mot hominium fut crée pour exprimer cette étroite dépendance. (2) *Ducange*, v° Hominium. (3) *ib.* v° Ligium. *Assises de Jérusalem*, chap. 198. (4) *Ducange*, v° Homininm. (5) *Salvaing*, Traité de l'usage des Fiefs, pag. 128. (6) *Velly et Villaret*, Histoire de France, tom. 16, pag. 199. (7) *Ducange*, v° Investitura. (8) *Id.* v. Monstræ; Glossaire du Droit français, par *Laurière*, v. Adveu; establ., liv. 1, chap. 46. (9) *Ducange*, v° Committere. Dictionnaire des Fiefs, par *Freminville*, v° Commise. (10) *Assises de Jérusalem*, chap. 193, 194. Establ., liv. 1, chap. 48, 49, 51, 81 et liv. 2, chap. 29, 42. *Beaumanoir*, ohap. 2 (11) *Assises de Jérusalem*, chap. 217; establ., liv. 1, chap. 52; *Beaumanoir*, chap. 2. (12) Establ., liv. 1, chap. 8, 152, 153, 157, etc. (13) *Freminville*, v° Démembrement de fiefs et les différens auteurs feudistes. (14) Establ., liv. 1, chap. 152, 159, 160. Glossaire du Droit français, v° Lods et ventes. (15) Establ., liv. 1, chap. 8. (16) Establ., liv. 1, chap. 8, 22, 42, 74; Coutumes d'Anjou, art. 203; du Maine, art. 218 (17). Establ., liv. 1, chap. 22, 62, 76; Coutumes de Paris, art. 33; de Meaux, art. 134, 159; d'Orléans, chap. 1, art. 14, etc. (18) Establ., liv. 1, chap. 157; Coutumes de Tours, art. 34; d'Anjou, art. 292, etc.

(19) Establ., liv 1, chap. 95 (20). Establ., liv. 1, chap.
425; *Ducange*, v° Auxilium. (21.) *Ducange*, v° Campi par
Glossaire du Droit français, v° Champart. (22) Establ..,
liv. 1, chap. 144, 145. (23) Glossaire, v° Foire.

CHAPITRE X.

(1) Les communes étendirent peu à peu l'affranchissement des villes aux campagnes, la servitude
était générale avant leur établissement. Voyez les autorités cités à cet égard, dans la préface du Recueil
des historiens de France, tom. 14, pag. 46 à 52.
(2 et 3), Recueil des historiens de France, tom. 12,
pag. 540 et 548 ; ad comprimendam tyrannidem la-
tronum, et seditiosorum *Ordericus vitalis*, lib. 8, pag.
705, Recueil des historiens de France, tom. 12, pag. 654,
etc. (4) receuil des historiens de France, tom. 14,
préface page 46 ; Ducange V. communia.; *Laurière*,
Recueil des ordonances, tom. 1. (5) Voyez les diverses
chartes de commune dans le douzième et le treizième
siècle, *Laurière*, recueil des ordonnances. (6) Sous
saint Louis la possession des fiefs annoblissait encore;
vint bientôt après le droit de francfief pour les fiefs
tombés en roture, ce qui sépara les gentilshommes
des affranchis. (7) Ducange V. directum ; dictionnaire
des fiefs V. directe seigneuriale. (8) Lorsque ce prince
dissipateur convoqua la nation pour obtenir d'elle
des secours pécuniaires.

CHAPITRE XI.

(1) Recueil des historiens de France, tom. 12, pag. 54, 126, 326, 336, 340, etc. ; on sait combien de guerres et d'années lui coûta la soumission des barons de Corbeil, de Crecy, de Puiset, de Montlhéry, etc. (2) Philippe Auguste fit juger par sa cour des comtes de Flandre et de Champagne, le duc de Normandie; il ajouta au domaine royal la Normandie, le Maine, l'Anjou, la Tourraine, le Poitou, une partie de la Guienne, le Vermandois, l'Auvergne, l'Artois, et plusieurs villes et châteaux du Vexin, du Berry, de l'Orléanois, de la Picardie, etc. (3) Anquetil, histoire de France, tom. 2, pag. 138; Mably tom. 2, pag. 95; Gautier de Sibert, tom. 2, pag, 336 et suivantes (4) . Les baillis furent les comtes de la première et seconde races, sous un autre nom; ils eurent les mêmes attributions, et le même territoire (5). Cet appel ne parut que vers ces tems. Sous la première et sous la seconde race, il était inconnu, les envoyés royaux forçaient les bénéficiers à rendre la justice ou les privaient de leurs domaines. En 1224, la comtesse de Flandre fut citée devant le parlement, par le sire de Nesle, en appel de *défaute de droit*.

(6) Ces appels existaient sous les deux précédentes races. « Clamatoribus et causidicis, qui nec judicium « scabiniorum *blasphemare*, nec acquiescere volunt, etc. « Cap. 2, an 805, art. 8. et si *reclamaverint*, Ra- « chimburgiis, quod eis legem non judicassent, tum

« licentiam habeant ad palatium venire pro ipsâ
« causâ etc ». Cap. an. 755, art. 29; dans la suite
le combat auquel les parties, les juges et les témoins
furent soumis, rendit cet appel impraticable. (7)
Louis X, lettres patentes du 1.er septembre 1315. (8)
Ordonnance du 17 mai 1315, accordée sur les remontrances des religieux et des nobles du duché de Bourgogne, du comté de Forès *De Laurière*, tom. 1, pag. 570;
ordonnance accordée le 15 mai 1315 sur les plaintes des
habitans du bailliage d'Amiens *De Laurière*, tom. 1,
pag. 563. (9) En 1032. (10) En 1041, du mercredi
au lundi, les hostilités furent interdites; la guerre et
la paix se partagèrent la semaine. On étendit cette
défense à l'avent, au carême, aux principales fêtes et
à leurs vigiles. (11) En 1180, elle fut instituée par un
charpentier du Puy-en-Velay.
(12) « Mittimus ad vos dilectos et fideles nostros guill.
« de Barris et Math. de Montemorenciaci, ut in manu
« eorum detis *rectas treugas*, Erardo de Brena et suis
« de vobis et vestris. Scientes pro certo, quod ipse
« Erardus rectas dedit et fideciavit *treugas* nobis et
« nostris de se et suis. Sciatis quod *treugæ* istæ
« durare debent quandiù placitum durabit coram nobis
« inter vos etc. ». Lettre de Philippe-Auguste à Blan-
che, comtesse de Champagne ; Etablissemens, liv. 1,
chap. 28. (13) Philippe-Auguste, avait été sacré en
1179, un an avant la mort de Louis-le-Jeune son
père; Louis VIII, se fit sacrer en 1223, après la mort
de Philippe-Auguste.

SECONDE PARTIE.

CHAPITRE I.

NOTES.

(1) Voyez tous les historiens de saint Louis et surtout Joinville. (2) *Velly*, tom. 5, pag. 216 et suiv. — Hist. de saint Louis, par le sire de Joinville, mise en lumière par maître Claude Ménard, conseiller du roi, etc., en 1617, pag. 266 et suivantes. (3) *Velly*, tom. 4, pag. 136, 280 et suiv. 288. (4) *Velly*, tom. 4, pag. 178 et suiv. 204 et suiv. (5) *Velly*, tom. 4, pag. 397 et 298.

(6) » Et saichez que pour le bien que les Bourguignons « et les Lorrains véoient en la personne du roy, et pour « la grant peine qu'il avoit prinse à les mettre à union, « ilz l'amoient tant et l'obéissoient, qu'ils furent tous « contens de venir plaidoier devant lui des discords qu'ilz « avoient les ungs vers les autres, et les y vy venir plu- « sieurs foiz à Paris, à Rheims, à Melun, et ailleurslà où « le roy estait. » *Joinville*, pag. 258.

(7) Et disoit le bon roy : » je pense que en ce faisant, « je ferai moult bonne euvre; car, en premier lieu, je

« feray et conquerrai paix, et après je le feray mon
« homme de foy, qu'il n'est pas encore; car il n'est point
« entré encore en mon hommage. » *Joinville*, pag.
256.

(8) Ordonnance contre les guerres privées, ou la *Qua-*
rantaine-le-Roy. Laurière, tom. 1, pag. 56. (9) Ordonnance touchant les batailles et les duels. *Laurière*,
tom. 1, pag. 86. (10) Etablissemens de saint Louis. *Lau-*
rière, tom. 1, pag. 107 et suiv. (11) Ordonnance touchant les Monnoies. *Laurière*, tom. 1, pag. 94 (12)
Etablissemens. *Laurière*, tom. 1, pag. 107 et suiv. (13)
Le Code des établissemens.

(14) Je ne puis m'empêcher de citer cette touchante
recommandation : » Biau filz, la première chose que je
« t'enseigne, si es que tu mettes ton cuer en aimer Dieu.
« Maintiens les bonnes coustumes de ton royaume et les
« mauvèses abesse. Ne convoite pas sus ton peuple, ne
« le charge pas de *toute* (1) ni de taille...... à justices te-
« nir et à droitures soies loyaus et roide, et à tessoubjez,
« sans tourner à dextre ni à senestre ; mais aider au droit
« et soustien la querelle du pauvre, jeusques à ce que la
« vérité soit desclairiée : et si aucun a action contre toy,
« ne le croi pas, jeusques à ce que tu en saches la vérité ;
« car ainsi le jugeront tes conseillers plus hardiement
« selonc la vérité, pour toy ou contre toy. Si tu tiens
« rien d'autruy ou par toi ou par tes dévanciers, si c'est
« chose certenne, rent-le sans demiourer ; si c'est chose
« douteuse, fai-le enquerre par sages gens, isnellement

---

(1) *La Toute*, ou *Tolte* était une levée extraordinaire de deniers.

« et diligemment. A ce dois mettre t'entente, comment
« tes gens et tes soubjez vivent en paix et en droiture
« dessouz toy. Meismement, les bones villes et les cous-
« tumes garde en l'estat et en la franchise où tes dévan-
« ciers les ont gardées; et s'il y a quelque chose à amen-
« der, si l'amende et adresce, et les tien en faveur et
« en amour; car par la force et par les richesses, des
« grosses villes douteront les privés et les estranges de
« meprendre vers toy, spécialement tes pers et tes ba-
« rons..... Si guerres et contens meuvent entre tes soub-
« jez, apaise-les au plustôt que tu pourras. Sois diligent
« d'avoir bons prevos et bons baillis, et enquier soùvent
« d'eulz et de ceulz de ton hostel, comme ilz se main-
« tiennent, et si il y a en eulz aucun vice de trop grant
« convoitise ou de fausseté ou de tricherie..... prens te
« garde que les dépenses de ton hostel soient résonnables,
« etc. » *Joinville.*

CHAPITRE II.

(1) Etablissemens, liv. 1, chap. 2. (2) Etabl., liv. 1,
chap. 1 et liv. 2, chap. 15. (3) Etabl., liv. 1, chap. 2 ;
(4) Etabl., liv. 1, chap. 145, 148, 159, etc.

CHAPITRE III.

(1) Il convient appeler de degré en degré, c'est-à-dire,
selon chèque li, hommage descendent dou plus bas au

plus prochain seigneur.... Li appel doivent estre fet en montant de degré en degré sans nul seigneur trépasser. *Beaumanoir*, chap. 61. — A la cour de chrétienté, de quelque juge que che soit, l'on peut appeler à l'apostoile; et qui vient, il peut appeler de degré en degré, si comme du doyen à l'évesque, de l'évesque à l'archevesque, et de l'archevesque à l'apostoile. *Beaumanoir*, chap. 61.

(2) Il estait deux manières de fausser jugement, desquelles li un des apiaux devoit se mener par gages de batailles. Si estait quant l'en adjoustait avec l'appel *vilain cas*. L'autre devait se mener par erremens sur lesquels le jugement avait esté fait. *Beaumanoir*, cap. 67. (3) Etabl., liv. 1, chap. 3 et 6. (4) *Beaumanoir*, chap. 61. (5) Etabl. liv. 1, chap. 80 — 78., liv. 2, chap. 15.

CHAPITRE IV.

(1) *Beaumanoir*, chap. 61, pag. 313. (2) Etabl. liv. 1, chap. 6, — *Beaumanoir*, chap. 61, pag. 312 et 318. (3) Etabl., liv. 1, chap. 6 et 81. — *Beaumanoir*, chap. 61, pag. 314. (4) Etabl., liv. 1, chap. 81. — *Pierre Défontaines*, chap. 21, art. 33. — En 1332, Philippe de Valois ordonna que les baillis seuls seraient ajournés. (5) *Pierre Défontaines*, chap. 21, art. 27, 28, 29. (6) Nul ne peut faire jugement en sa cour, dit Beaumanoir, chap. 67, pag. 336 et 337. (7) *Beaumanoir*, chap. 67, pag. 337. (8) *Ibid.* (9) *Beaumanoir*, chap. 61, pag. 313 et 314. (10) *Beaumanoir*, chap. 61, chap. 314 et

516. (11) *Beaumanoir*, chap. 61 , pag. 312 et 318; chap.
67, pag. 336 et 337. (12) Elles étaient ordinairement de
60 livres. *Beaumanoir* , chap. 61, pap. 312 et 314 —
Défontaines, chap. 22, art. 9, etc. (13) *Beaumanoir*,
chap. 61, pag. 312. (14) *Ibid.*, pag. 318. (15) *Défontaines*, chap. 21, art. 14. (16) *Boutilliers*, Somme rurale, liv. 1, pag. 19 et 20.

CHAPITRE V.

(1) *Ducange* v. submonere. (2) » Au parlement tenu
« aux octaves de la Chandeleur 1260, en la cause jugée
« par le roi contre l'abbé de Saint-Benoît-sur Loire, la
« séance était remplie par l'archevêque de Rheims, les
« doyen et trésorier de Saint-Martin de Tours, maître
« Eudes de Loris, Etienne, doyen de Saint-Agneau d'Or-
« léans , maître Jean Deville, maître Jean de Milly, maî-
« tre Simon de Pigneis, maître Thomas de Paris, le sire
« de Nesle, le comte de Ponthieu, le connétable, maître
« Pierre de Chambellan, maître Gervais de Sernies, maî-
« tre Julien de Péronne, maître Jean de Curois, maître
« Mathieu de Beaune, le maître des arbalétriers, les
« baillis de Vermendois, de Berry, d'Amiens, de Caen,
« etc. » *Boulainvilliers*, Histoire de l'ancien Gouver-
ment de la France, tom. 2, pag. 29 et suiv. Il y a tout
lieu d'assurer, ajoute cet auteur, que, vers la fin de ce
règne, l'espèce de piété d'une part dont le roi faisait pro-
fession, et la grande autorité dont l'usage l'avait investi

de l'autre, changèrent totalement la face du royaume, sur le fait de l'administration de la justice.

« Enfin, le bon roi prêt à partir pour son dernier
« voyage, fit une plus ample convocation des seigneurs
« et des prélats de son royaume, tant pour y faire rece-
« voir le projet de police qu'il avait fait dresser et com-
« piler de ses propres ordonnances et de celles de ses
» prédécesseurs, que pour établir des régens et des gou-
« verneurs du royaume pendant son absence. Le registre
« manuscrit de l'hôtel-de-ville d'Amiens, intitulé : Loix
« et Etablissemens ordonnez et confirmez par *les barons*
« *du royaume et les docteurs ès-lois*, qui contient une
« partie de ceux que Chantereau a donnés sous le nom
« de Saint Louis, renferme vraisemblablement, sinon le
« journal, du moins le résultat de cette assemblée. »
Boulainvilliers, tom., 2 pag. 32.

(3) En 1291, le parlement obtint un commencement d'organisation. *Ordonnances du Louvre*, tom. 1, pag. 320; en 1302, il eut deux tenues par an. *Ordonnances du Louvre*, tom. 1, pag. 366, 547; en 1304, sa composition s'étendit. *Ordonnances du Louvre*, tom. 1, pag. 547; en 1316, il devint permanent. Recueil manuscrit des Régistres criminels du Parlement, par M. *Dongeois*, greffier en chef de cette cour.

(4) Fait qui se déduit de ce qui précède et de ce qui suit.

CHAPITRE VI.

(1) Voyez ses lois et ses ordonnances. (2) Sachez que le roi de France, qui est *empereur*, en son royaume, peut faire, ordonnances qui tiennent et vaillent lois, ordonner et constituer toutes constitutions, peut aussi remettre et quitter, et pardonner tout crime criminel, crime, civil, donner grâce et respit des dettes, légitimer, affranchir, ennoblir, relever de négligences, et en général de faire tout, et autant que à droit impérial appartient, *Boutilliers*, Somme rurale, tit. 34.

(3) Voyez la différence de Beaumanoir, chap. 24, à *Boutilliers*, Somme rurale. Tit. 34.

CHAPITRE VII.

(1) Établis., liv. 2, chap. 36. (2) Établis., liv. 2, chap. 36. (3) Voyez l'ordonnance pour l'utilité du royaume. *Laurière*, tom. 1, pag. 77. (4 et 5) Établis., liv. 2, chap. 33, 19, 13 etc. (6) *Ib.* liv. 2, chap. 27. (7) *Ib.* liv. 2, chap. 13. (8) *Ib.* liv. 2, chap. 33. (9) *Ib.* liv. 2 chap. 3 et 13. (10) *Ib.* liv. 2, chap. 3 et 13. (11) *Ib.* liv. 2, chap. 13 et 19. (12) Voir

est que li rois est souverains par dessus tous. *Beaumanoir*, chap. 34.

~~~~~~

CHAPITRE VIII.

(1) ÉTABLIS. , liv. 1, chap. 37, liv. 2, chap. 28 et 42. (2) *Laurière*, tom. 1, pag. 56. (3) Telles furent, sous les règnes suivans, les guerres des ducs de Bourgogne, des ducs de Bretagne, des comtes de Foix, etc.

~~~~~~

CHAPITRE IX.

(1) ÉTABLIS. , liv. 1, chap. 75. (2) Etablis., liv. 1, chap. 11. (3) *Ib.* liv. 1, chap. 133. (4) *Ib*, liv. 1, chap. 13. (5) Chap. 133 du liv. 1, dans lequel il est permis au coutumier de disposer de la moitié de ses biens, en faveur de sa femme. (6) Etablis., liv. 1, chap. 8 et 14. (7) *Ib.* chap. 132 et 140. (8) Chap. 13 de la première partie. (9) Etablis., liv. 1, chap. 17 et 75. (10) Etablis. liv. 1, chap. 117. (11) *Ib.* liv. 1, chap. 63. (12) *Bail*, si est de fié, mès en vilenage, si n'a point de *Bail*, établis. liv. 2, chap. 18. (13) *Ib.* liv. 1, chap. 137. (14) *Ib.* (15) *Ib.* liv. 1, chap. 142. (16) Voyez ci-dessus notes 6 et 7. (17) Cela résulte de tout le livre des établissemens.

CHAPITRE X.

(1) Etablis., liv. 1, chap. 4 et 129. (2) *Ib.* liv. 1, chap. 26. (3) *Ib.* liv. 1, chap. 3o. (4) *Ib.* liv. 1, chap. 29. (5) *Ib.* liv. 1, chap. 32. (6) *Ib.* liv. 1, chap. 29. (7) *Ib.* liv. 1, chap. 85. (8) *Ib.* liv. 1, chap. 3. (9) *Ib.* liv. 1, chap. 121. (10) *Ib.* liv. 1, chap. 85, 32 et 35. (11, 12, 13, 14, 15.) *Ib.* liv. 1, chap. 29. (16) *Ib.* liv 1, chap. 149. (17) Chap. 12 de la première partie. (18) Etablis. liv. 1, chap. 5o et 53. (19) *Ib.* liv. 1, chap. 54. (20) Liv. 2, chap. 39, et liv. 1, chap. 85, 86, 87, 88, 89. (21) *Ib.* liv. 1, chap. 148, 24, liv. 2, chap. 23, et liv. 1, chap. 121, etc. (22 et 23) Le chapitre 92 du liv. 1, qui indique les cas, où l'on devait rendre les dépens aux parties, le prouve de reste. (24) *Ib.* liv. 1, chap. 6. (25) *Ib.* liv. 1, chap. 44, 66, 118, 121, 146, 149, 150, 151, liv. 2, chap. 24. etc. (26) *Ib.* liv. 1, chap. 34 et liv. 2, chap. 16 (27) Ordonnance pour l'utilité du royaume déjà citée. (28, 29, 3o) Etablis., liv. 1, chap. 104, et la chartre de priviléges accordée par saint Louis, à la ville d'Aigues-Mortes, en mai, 1246. (31) Esprit des loix, liv. 28, chap. 36. (32) Etablis., liv. 1, chap. 25 et 36. Ce qui le prouve mieux encore, c'est cet article du chap. 16, liv. 2. Se aucuns est mauvaisement renomez, la justice le doit prendre, et si doit enquerre de son fet et de sa vie, et là où il demeure : et se il trouve que il soit coupable de aucun fait, où il est paine de sanc, *il ne le doit mie condamner à mort, quand un ne l'accuse,* etc. Il en

était ainsi sous les deux premières races. « Judicis non
« est quemlibet judicare, vel condemnare absque le-
« gitimo accusatore ». Capitulaires, liv. 6, art. 381.
(33, 34, 35, 36) Chartre de la ville d'Aigues-Mortes,
déjà citée.

AAAAAAAAAAAAAAAAAAAAAAAAAAAAAAAAAAAAAAAAAAAAAAAAAAAAAAAA

CHAPJTRE XI.

(1) » Et sachés que, au temps passé, l'office de la pré-
« vosté de Paris se vendait au plus offrant, dont il ad-
« venait que plusieurs pilleries et maléfices s'en faisaient;
« et estait totalement justice corrompue par faveurs
« d'amys, et par dons et promesses. Dont le commun ne
« ouzait habiter au royaume de France, et estoit lors
« presque vague. . . . . Pourtant ne voulut-il (saint
« Louis) plus que la prévosté de Paris fût vendue, ains
« étant office qu'il donnait à quelque grant sage homme,
« avecques bons gages et grants. Et fist abolir toutes
« mauvaises coutumes dont le povre peuple estait grévé
« auparavant, et fist enquérir partout le païs, là où
« il trouverait quelque grant sage homme, qui fust bon
« justicier, et qui pugnist estroitement les malfaiteurs,
« sans avoir égard au riche plus que au povre. Et lui fust
« amené ung qu'ons appeloit Estienne Boyleaüe, auquel
« il donna l'office de prévost de Paris : lequel depuis fist
« merveilles de soy maintenir. Or, tellement que désor-
« mais, etc. *Joinville*, pag. 263. (2) Ordonnance pour
l'utilité du royaume déjà citée. (3) *Ib*. (4) *Ib*. (5) Fait
assez connu.

CHAPITRE XII.

(1) » Ur hi qui per beneficium domni imperatoris *ec-*
« *clesiasticas res habent* decimam et nonam dare, et
« ecclesiarum restaurationem facere studeant. Cap. anni
« incerti. *Baluze,* tom. 1, pag. 513. — Ut illi homines,
« qui *res ecclesiasticas per verbum regis tenent* emen-
« dare debeant, et illos census vel illas decimas ac nonas
« ibidem dare pleniter debeant. Cap., *Metense,* an. 756,
« art. 4, etc. (2) Volumus primo, ut neque abbates neque
« presbiteri, neque diaconi, neque subdiaconi, neque
« quilibet de clero, de personis suis ad publica, vel ad
« secularia judicia, trahantur, vel destringantur, sed à
« suis episcopis judicati justitiam faciant. Si antem de
« possessionibus, sive ecclesiasticis, sive suis propriis,
« clamor ad judicem venerit, mittat judex clamantem
« cum misso ad episcopum, ut *faciat ei per advocatum*
« *justitiam percipere.* Cap. Excerpta ex lege long., an.
« 39. *Baluze,* pag. 355. — Volumus atque jubemus ut
« iidem missi nostri diligenter inquirant qui, anno præ-
« terito, de *hoste bannito transissent super illam ordi-*
« *nationem* quam de liberis et pauperibus hominibus
« fieri jussimus Cap. 1, an. 802, art. 2; quod si forte
« inventus fuerit qui dicat quod jussione, etc., is per
« cujus jussionem, ille remansit bonum nostrum reu va-
« diet, atque persolvat, sive sit comes, sive vicarius,
« *sive advocatus episcopi atque abbati. Ib.,* art. 3.

Voyez pour les fonctions des vidames, l'art. 13 du cap.

1 de l'an 802, l'art. 21 du cap. 2 de l'an 802, l'art. 1 ɛ
du cap. 2 de l'an 809, l'art. 131 du cinquième livre des
Capitulaires, etc (3) *Mably*, tom. 2, pag. 50. (4) Il
s'était attribué sous ce prétexte, le jugement des causes
féodales. » Cleri trahunt causam feodorum in curiam
« christianitatis, propter hoc quod dicunt, quod fiduciæ
« vel sacramenta fuerunt, intra eos, inter quos causa
« vertitur, et propter hanc occasionem, perdunt domini
« justitiam feodorum. Ordonnance de Philippe-Auguste,
an 1219. *Laurière*, tom. 1, pag 39. (5) Art. 4 et 5 de l'édit
de Clotaire II, an 615, et les divers capitulaires qui res-
treignent la juridiction du clergé aux causes des clercs
et des hommes placés sur le territoire des églises. (6)
» Quod solus romanus pontifex judicatur universalis,
« quod ille solus possit deponere episcopos vel reconci-
« liare . . . quod absque synodali conventu, possit epis-
« copos deponere. . . . Quod illi liceat de sede ad sedem,
« necessitate cogente, episcopos transmutare, quod de
« omni ecclesiâ quocumque voluerit clericum valeat or-
« dinare, etc. » Dict. *Greg. VII*, pap. (7) Voyez la pragmatique de saint Louis, qui rétablit les anciennes élections. (8) A la court de chrétienté, de quelque juge que
che soit, l'en puet apeler à l'apostoïle, et qui vieut, il puet
apeler de dégré en dégré, si comme du doyen à l'évesque, et de l'évesque à l'archevesque, et de l'archevesque
à l'apostoïle. *Beaumanoir*, chap. 61. (9) Ordonnance de
Philippe-Auguste de 1219. *Laurière*, tom. 1, pag. 39.
(10) *Velly*, tom. 6, depuis la page 143 jusqu'à la page
148. (11) Etablissemens, liv. 1, chap. 89. (12) *Ib.* liv. 1,
chap. 18, 133, 86, etc. (13) *Ib.*, liv. 1, chap. 125 et
Laurière, préface des ordonnances, pag. 10. (14) *Joinville*, pag. 24 et 25, et *Velly*, tom. 5, pag. 51. (15)

Velly, tom. 4, pag. 160 et 161, etc. (16) *Velly,* tom. 4, pag. 347. (17) Pragmatique, ou ordonnance touchant les élections, les promotions, les collations des prélatures. *Laurière,* tom. 1, pag. 98. (18) *Ducange,* Regalia. (19) *Velly,* tom. 5, pag. 113.

CHAPITRE XIII.

(1) *Mably,* tom. 2, pag. 375 et 377 : recherches et observations, etc. pag. 165. (2) *Leblanc,* Traité historique des Monnaies de France, depuis la page 59 jusqu'à la page 67, depuis la page 126 jusqu'à 134, et les pages 149 et 150. (3) « De falsis monetis, quia in multis locis, con- « tra justitiam et contra edictum nostrum fiunt, volu- « mus ut nullo alio loco moneta sit, nisi in palatio nos- « tro; nisi fortè à nobis iterùm aliter fuerit ordinatùm. Cap. an. 805, art. 18.

(4) « Sequentes consuetudinem prædecessorum nos- « trorum, sicut in illis capitulis invenitur, constituimus, « ut in nullo alio loco, in omni regno nostro, moneta « fiat, nisi in palatio nostro, et in Quentovico ac Rota- « mago, et in Remis, et in Senonis, et in Parisio, et in « Aurelianis, et in Cavillono, et in Metullo, et in Nar- « bonnâ. Edictum Pistense, an. 864, art. 12 »

(5) » Argentum et aurum propitii an irati dii nega- « verint, dubito. . . . simpliciùs et antiquiùs permuta- « tione mercium utuntur. Germania, chap. 5. (6 et 7). « *Mably,* tom. 2, pag. 158. Glossaire du Droit français, « verbis monnéage et seigneuriage. *Leblanc,* pag. 73 et

74. (8) *Leblanc*, pag. 24. (9) *Ib.*, pag. 25. (10) *Ib.* (11) *Ib.* (12) » Juxtà Gallos vigesima pars unciæ denarius est ; « et duodecim denarii solidum reddunt. Ideòque juxtà « numerum denariorum trés unciæ quinque solidos « complent. Sic et quinque solidi in tres nuncias redeunt; « nam duodecim unciæ libram viginti solidos conti- « nentem efficiunt. Un auteur contemporain de Charle- « magne, cité par *Leblanc*, pag. 80.

(13) *Leblanc*, pag. 83. (14) *Ib.*, pag. 159. (15) Sur ce qu'ils disent que nos prédécesseurs ont souventes fois mué et empiré les monnoies, dont ils ont été grévés et dommagés grossièrement, nous voulons et ordonnons que la monnoie que nous avons commencé à faire et fai- sons, nous entendons continuer en sa valeur, et mettre peine comment elle puisse revenir à l'estat où elle estait au temps de saint Louis notre bisaïeul. (16) *Leblanc*, pag. 186. (17) *Ib.*, pag. 189 et 190. (18) Le petit tournois ne fut fabriqué que sous Philippe-le-Bel. *Leblanc*, pag. 207. (19) Ces deniers tournois étaient le douxième du gros tournois. *Leblanc*, pag. 190 (20) *Ib.*, pag. 192. (21) *Ib.* (22) *Laurière*, tom. 1, pag. 94. (23) Philippe-le-Bel sur- tout, qui, chaque année, depuis 1295 jusqu'à 1306, al- téra davantage les espèces. (24) Réglement touchant les monnoies. *Lauriere*, tom. 1, pag. 93, art. 2, note D. (25) Nous ne pouvons croire que aucun puisse ne doit faire doute que à nous et à notre majesté royal n'appar- tiegne seulement et *pour le tout*, en nostre royaume, le *mestier, le fait, la provision, et toute l'ordonnance de monnoie*, et de faire monnoier tels monnoies et don- ner tels cours, pour tel prix, comme il nous plaist et bon nous semble. Lettres patentes du 15 janvier 1346.

CHAPITRE XIV.

(1) Contre les jeux, les juremens, les femmes publiques, art. 8, 9, 10 et 11 de l'ordonnance pour l'utilité du royaume; et aussi contre les juremens. *Laurière*, tom. 1, pag. 99. Contre les usures. *Laurière*, tom. 1, pag. 53 et 96. (2) Ordonnance contre les Juifs et les usures. *Laurière*, tom. 1, pag. 53, lettres touchant les Juifs. *Laurière*, tom. 1, pag. 54, ordonnance de 1269, qui les oblige de porter un chapeau jaune. *Laurière*, tom. 1, pag. 96. (3) Ordonnance touchant la levée des tailles dans les villes du roi. *Laurière*, tom. 1, page 291.

CHAPITRE XV.

(1) Le code des lois romaines découvert à Amalphi, en 1157. (2) *Velly*, tom. 5, depuis la page 159 jusqu'à la page 193. (3) Les lois et livres étaient avant lui rédigés en latin. (4) *Velly*, tom. 5, pag. 202. (5) *Robert de Sorbon, Joinville*, pag. 10; *Velly*, tom. 6, pag. 20 et 21.

ERRATA.

—

Pag. 26, lig. 22, des différences des peuples, lisez : *les différences des.*

Pag. 46, lig. 7, ni les tributaires des alleux, lisez : *ni les terres tributaires.*

Pag. 50, lig. 2, c'est ce qui domina, lisez : *c'est ce qui domine.*

Pag. 112, lig. 21, voyons comment cela, lisez : *voyons comment cela se fit.*

Pag. 194, lig. 9, fut sa propre législation, lisez : *fut sa propre législatrice.*

Pag. 195, lig. 19, et soumit les hommes sans réclamer, lisez : *et soumit les hommes sans violence.*

Pag. 208, lig. 14, produisit per les droits, lisez : *produisit les droits.*

Pag. 209, lig. 22, judicies, lisez : *judices.*

Pag. 136, lig. 16, à soumettre les appels, lisez : *à soumettre les justices seigneuriales par les appels.*